AF451913

L'ART DE CHANTER

OU

METODE FACILE,

Pour apprendre en fort peu de temps les vrays principes du *Plein Chant* & *de la Musique*, & pour les mettre surement en pratique.

Par Monsieur *LANCELOT.*

Dedié à Monseigneur l'Archevêque de Reims.

A PARIS,

Chez ANDRE' PRALARD, ruë saint Jacques, à l'Occasion.

M. DC. LXXXV.
AVEC PRIVILEGE DU ROY.

A MONSEIGNEUR
MONSEIGNEUR
MAURICE LE TELLIER,
ARCHEVESQUE ET DUC DE REIMS,
LEGAT NE' DV SAINT-SIEGE,
PRIMAT DE LA SECONDE-BELGIQUE,
MAISTRE DE LA CHAPELLE DU ROY,
PREMIER PAIR DE FRANCE, &c.

ONSEIGNEUR,

Je n'aurois jamais pris la liberté de paroiſtre icy devant vous, ſi ce petit Livre, qui m'eſt tombé entre les mains, ne

ă ij

m'eût engagé à le venir presenter à *VOSTRE GRAN-
DEUR. Quoy qu'il soit petit, il ne laisse pas de beaucoup promettre*, & *l'Auteur espere, MONSEIGNEUR,
de proposer avec une si grande netteté les PRINCIPES DE
L'ART DE CHANTER qui a toûjours été chéri*, &
des Saints & *des Philosophes du monde, que personne n'aura de peine ni à les comprendre, ni à les mettre en pratique.
Mais comme l'usage auquel l'Auteur le destine particulierement, est de le consacrer aux Autels, il a crû que son Offrande
ne pouvoit estre bien faite que par une main sacrée : il a pensé
en même-tems qu'entre les Prelats qui remplissent aujourd'huy
glorieusement l'Eglise de France, rien ne pouvoit estre plus a-
vantageux à cet Ouvrage que la protection d'un grand AR-
CHEVESQUE DE REIMS*, & *d'un MAISTRE
DE LA CHAPELLE DU ROY, où l'on voit que cet
ART a toûjours particulierement excellé*, & *où l'on sait faire
justice à ceux qui s'employent à le cultiver. Et il n'a pû douter,
que si marchant à l'ombre de VOSTRE GRANDEUR
il pouvoit estre favorablement accüeilli de ce Corps d'élite,
composé des plus habiles Musiciens de l'Europe, il ne luy fût
facile d'obtenir l'approbation de tous les autres.*

*Ainsi tout le monde voit que rien n'estoit plus juste,
MONSEIGNEUR, que de déposer ce petit Thresor entre vos mains*, & *j'ose me persuader que vous me ferez la
grace de ne le pas rejetter, quand je me represente qu'il pourra estre de quelque service à vostre Seminaire*, & *contribuer à*

foulager les foins fi édifians que vous prenez de procurer une éducation vrayement Ecclefiaftique aux Clercs de vôtre Diocefe. Je fay que des perfonnes tres-habiles vous ont déja dedié d'autres ouvrages plus confiderables : mais je me flatte de l'efperance que vous ne mépriferez pas celuy-cy, quand je confidere que le plus grand des Papes aprés faint Pierre, s'eft bien voulu donner la peine de chercher l'avantage que ce petit Livre nous prefente ; & que ne fe contentant pas d'avoir beaucoup travaillé à faciliter L'ART DE CHANTER, il fe tranfportoit fouvent à l'Ecole qu'il en avoit établie à Rome, pour y exercer foy-même les jeunes Clercs. En effet rien n'eft à négliger quand il y va de l'honneur de Dieu & de la gloire du Tout-Puiffant. Tout le monde fait, MON-SEIGNEVR, combien nos Rois Charlemagne dans la feconde race, & Robert dans la troifiéme, s'appliquerent à procurer le même avantage à ce grand Royaume. Ce qu'ils ne firent qu'à l'imitation de David & de Salomon, qui occupe-rent les premieres perfonnes de l'Etat à regler les Concerts du Temple de Jerufalem, & qui s'y employoient fouvent eux-mêmes. Le zele de ces grands Saints & de ces grands perfon-nages pour une chofe qu'on regarderoit aujourd'huy avec un peu plus d'indifference, paroiftroit peut-eftre moins croyable, fi nous n'en avions les preuves dans l'Ecriture, & s'il ne nous en reftoit encore un témoignage dans l'Eglife, qui appelle du nom de S. GREGOIRE le Chant que nous fuivons dans tout l'Office. En effet, on ne fauroit s'imaginer la pei-

ne que prit cet incomparable Pontife à le regler, parmy une
foule d'autres soins, & d'autres grandes occupations qui l'acca-
bloient continuellement, & combien il travailla pour rendre
cet ART plus facile qu'il n'avoit esté jusques alors. C'est aussi
ce qui luy acquit un honneur particulier dans l'Eglise, où il a
toûjours esté consideré comme le premier d'entre les Latins, qui
reduisit au nombre des sept premieres lettres de l'Alphabeth,
toute cette ennuyeuse multitude de Caracteres, & de noms
difficiles à retenir, dont les Grecs avoient embaraßé cette science. Il est vray que le celebre GUY, natif D'AREZO en
Italie, & Moine de saint Benoist, travailla à la rendre encore plus facile dans l'onziéme siecle. Et sa Methode fut tellement admirée que le Pape BENOIST VIII. se crût obligé
de le deffendre contre ses envieux, qui ne pouvoient souffrir
que cet habile Moine montrât en quelques semaines, ce qu'on
ne pouvoit pas apprendre auparavant en plusieurs mois. Mais
ce petit Livre ose promettre, MONSEIGNEUR, qu'il
apprendra en peu de jours à ceux qui voudront bien en essayer,
ce que L'ARETIN, ni les autres qui sont venus depuis, ne
leur apprendroient point en plusieurs mois ; parce qu'il ne donne pas seulement la connoissance des choses, mais qu'il donne
encore la facilité de les pratiquer; & qu'il nous fournit un
moyen infaillible d'estre sûrs dans cette pratique, & d'y estre
plus justes & plûtost accoûtumez, que tout ce qui a esté écrit
là-dessus jusqu'à present. En effet il n'y a aucune de ces Meto-
des qui n'ait des deffauts considerables, comme d'autres l'ont

EPISTRE.

déja remarqué : ce qui montre que rien n'eſtoit plus neceſſaire
que de travailler à chercher une autre voye pour ſortir de
ce labyrinte. Mais ſi rien n'eſtoit plus neceſſaire à chercher, rien n'eſtoit auſſi plus raiſonnable que de ſoûmettre
aux lumieres de *VOSTRE GRANDEUR* ce qu'on penſe
y avoir pû découvrir, afin qu'elle en juge elle-même par le
fruit qui en pourra revenir à ſes Eccleſiaſtiques ; & que s'il
plaît à Dieu de donner quelque ſuccez à cette nouvelle maniere d'entrer & de ſe ſoûtenir dans *L'ART*, qui eſt le plus
charmant & le plus delicat de tous les Arts, on puiſſe dire
que les autres l'auront reçûë de vôtre Egliſe ; c'eſt à dire de
cette Egliſe ſi celebre, où la foy de nos Rois a pris naiſſance,
& où ils vont encore recevoir l'Onction de l'huile celeſte, pour
enſuite en répandre la bénédiction ſur tous leurs peuples : Egliſe, où la pureté des Rits s'eſt toûjours conſervée, & où la Majeſté des anciennes ceremonies paroît encore aujourd'huy dans
tout ſon éclat. Ainſi l'Ecole de vôtre Seminaire, *MON-*
SEIGNEUR, pourra en cela devenir ſemblable à celle
que ſaint Gregoire avoit établie à Rome, que comme c'eſt
d'elle que les autres peuples, & particulierement les François, tirerent ce qui pouvoit plus ſervir à les perfectionner
dans cet Art ; auſſi ce ſera de voſtre Egliſe qu'ils pourront em-
prunter ce qui ne ſera peut-être pas inutile pour les y affermir
& les ſoûlager.

Je paſſe ſous ſilence les autres raiſons particulieres qui m'ont
obligé à vous offrir quelques fruits de mon travail. Mais je
ne puis m'empêcher de reconnoître, *MONSEIGNEUR*,

qu'ayant l'avantage que vous avez d'estre d'une Maison si
cherie & si glorieuse, laquelle semble n'estre née que pour le
bien de ce grand Royaume, soit dans la guerre soit dans la
paix; l'ordre que vous venez d'établir dans vôtre Diocese,
l'amour que vous témoignez pour la Verité, le soin que vous
prenez des Pauvres & des Affligez : Enfin le zele que vous
faites paroître pour l'éducation des Clercs, de laquelle dépend
souvent le principal bien qu'un Evêque peut faire dans son
Diocese, donne lieu d'esperer, que s'il plaist à Dieu de regarder
favorablement VOSTRE GRANDEUR, elle ne se ren-
dra pas moins illustre par sa generosité Episcopale dans l'Eglise, que le sont dans le Siecle ceux, à qui la Nature vous
a si étroitement uny, par les services continuels qu'ils rendent
au Souverain & à l'Etat. C'est ce que toute la France at-
tend de vous : c'est ce que tous les gens de bien demandent à
Dieu pour vôtre Personne sacrée ; & c'est à quoy consacre
tout ce qui dépend de sa profession, celuy qui n'a point de plus
grande passion que l'accomplissement de vôtre veritable gloire, & qui ne pouvant presque vous témoigner ses respects
que par des souhaits, ose assurer neanmoins qu'il ne le cede
à aucun de ceux qui ont l'honneur de vous approcher de plus
prés, dans la sincerité avec laquelle il est,

MONSEIGNEUR,

Vôtre tres-humble & tres-obeïssant
serviteur, ANDRE' PRALARD,
Imprimeur & Libraire.

AVIS AU LECTEUR.

L n'eſt pas beſoin d'un long diſcours pour faire valoir l'Ecrit qu'on donne icy au Public. Le Titre ſeul montre ce que c'eſt, & il porte ſa recommandation avec luy, puiſque l'ART DE CHANTER a cèt avantage ſur tous les autres, qu'il a toûjours été admiré & des Saints & des Profanes. En effet, il ne divertit pas ſeulement les ſens, il touche encore les cœurs, il ſert à former les mœurs, auſſi bien qu'à exercer l'eſprit; & il nous rend compagnons des Anges, lors que nous l'employons à chanter les loüanges de Dieu avec la ſageſſe & la piété que la ſouveraine Majeſté demande de ſes Creatures.

Cèt Art a pris naiſſance avec le monde; & il a toûjours été cultivé depuis, non ſeulement par les premiers hommes de la Synagogue & du Paganiſme, mais auſſi par les plus grands Saints de l'Egliſe qui l'ont relevé par leurs Ecrits, & qui l'ont ſouvent exercé eux-mémes. Et il eſt remarquable que l'Ecriture loüe auſſi particulierement ceux qui ont travaillé pour y découvrir quelque choſe de nouveau, In peritia ſua requirentes modos muſicos. _Eccli._ 44.

Ie n'ay garde de me vouloir mettre en parallèle avec ces grands Perſonnages, ny de me comparer en rien à ceux qui ont écrit de nôtre-temps ſur cette matiere, ou qui y travaillent encore. Mais j'ay cru que l'on me pardonneroit au moins, ſi me trouvant dans une grande ſolitude, j'ay quelquefois tourné les yeux vers cèt Art ſi charmant, & tout enſemble ſi neceſſaire à l'Egliſe; & ſi après l'avoir bien conſideré, j'oſe repreſenter icy dans quelque ordre & dans quelque ſuite les penſées que j'ay ûes ſur ce ſujet.

Ie ne m'étendray pas à déclarer la maniere dont je m'y ſuis pris, parce que le Livre s'explique aſſez de lui-même. Ie veux ſeule-

ē

ment avertir le Lecteur, qu'y aiant deux choses à considerer dans cet Art; sçavoir ce qu'il a de sublime & élevé d'une part, comme l'adresse de la composition, le juste ménagement de ses Accords, & la douceur de ses agréemens & de ses cadences (ce qui depend souvent plus du genie que de l'Art); & de l'autre, ce qui regarde l'éclaircissement & la facilité de ses Principes: je me suis particulierement arrèté à cette derniere partie, ayant cessé de penser à l'autre, dés que j'ay sû que des personnes habiles y travailloient.

Mais ce qui est ordinairement le plus négligé, sont les premiers Principes des Arts, parce que ceux qui sont elevez au dessus du commun, s'imaginent que tout le monde est capable de prendre l'essort comme eux, & qu'ils ont peine à se rabaisser autant qu'il faudroit pour soulager la foiblesse des personnes qui commencent. Cependant ils ne peuvent pas ignorer que le succés plus ou moins hureux des choses, depend ordinairement de la maniere dont on en établit les Principes. Ce qui est si vray dans l'ART DE CHANTER, aussi bien que dans les autres Arts; que je croy qu'on demeurera d'accord quand on aura consideré ce petit Livre, qu'on peut rendre cèt Art incomparablement plus sur & plus facile à apprendre qu'il n'a eté jusqu'à cette heure.

Ie prie seulement les Savans de ne pas s'imaginer que ce soit pour eux que l'on parle de la sorte, puis qu'on les regarde comme des gens qui sont dans le Port, aulieu qu'il n'est question que de chercher les moyens pour y faire hureusement arriver les autres. On les avertit en même-temps qu'ils ne doivent pas regarder cecy comme un Ouvrage achevé où l'on ait û intention de leur apprendre quelque chose de nouveau, mais seulement de les faire souvenir de ce qu'ils savent déja, & de leur donner moyen de la proposer methodiquemet aux personnes qu'ils voudront instruire. Car ils trouveront peut-ètre qu'il y a peu de choses qui ne soient au moins touchées dans cèt Ecrit, & qui ne leur puissent donner sujet d'en parler plus pleinement aux jeunes gens, quant ils voudront se donner la peine de les étendre.

Ainsi l'on peut dire en general que ce Livre pourra être de quelque soulagement pour les Maîtres & pour les Ecoliers. Mais il sera particulierement utile aux personnes de condition qui se destinent à l'Eglise, & qui n'ont quelquefois pas tous les talens ni toute la disposition de la voix qui seroit à desirer pour se rendre Musiciens. Il pourra servir aux Enfans qui ont des Précepteurs particuliers, lesquels n'auront nulle peine à les exercer selon cette Methode: & il pourra encore être d'un grand secours à quantité de bons Ecclesiastiques & Religieux, qui apres avoir chanté des trois & quatre années dans les Eglises, sont peu assurez dans ce qu'ils disent, n'édifient pas assez le monde, & font faillir les autres.

Il n'y a donc guere de personnes à qui ce petit Livre ne puisse être de quelque usage. Mais il faut prendre garde que comme on s'est trouvé engagé à faire voir toute l'économie de ce nouveau SYSTEME que l'on propose, & les avantages qu'on en peut tirer; aussi on a été obligé de toucher des choses qui ne semblent pas proportionnées à la portée de ceux qui commencent. C'est aux Maîtres à les distinguer, ainsi qu'on a û soin de les en avertir dans les rencontres. On peut dire en general, qu'il suffit presque de leur apprendre d'abord à bien entonner les voix du nouveau Systeme, & d'en bien remarquer la Situation, & de là passer à la Pratique du Chant que j'ay ajoûtée à la fin, apres quoy ils peuvent facilement s'élever à chanter dans tous les Livres.

Ceux qui veulent penser à la Musique pourront aussi prendre une idée generale de toutes les Feintes qui sont au n. IX. Ainsi tout le monde trouvera presque icy tout ce qui luy est necessaire pour se rendre parfait dans l'ART, pourvû qu'on fasse choix d'une personne habile qui ait soin de former la voix de ses Escoliers, & de les exercer avec adresse, étant plus vray de la Musique que d'aucune autre science, qu'elle ne peut s'apprendre sans Maître, & que l'on s'y rend plus habile par la pratique, que par une trop grande abondance de regles & de préceptes.

LES PRINCIPES
DE
L'ART DE CHANTER.

I.

Que l'Art de Chanter a été fondé d'abord sur le naturel de la voix, & qu'on n'a besoin que de quatre syllabes pour comprendre toute l'Intonation.

LUSIEURS se sont étudiez dans les siecles passez & dans celuy-cy à inventer de nouvelles manieres de representer les Tons du Plain-chant & de la Musique sur le papier; les uns par des Bandes de plusieurs lignes remplies de Notes, & les autres par des Caracteres differens mis sur la même ligne : Mais personne que je sache ne s'est encore appliqué serieusement à examiner quelles seroient les syllabes les plus propres pour nous imprimer facilement ces mêmes sons dans l'oreille & dans l'imagination. Cependant il est certain que ce point est encore plus important que l'autre, puisque l'oreille est le plus delicat de nos sens, & que c'est elle neantmoins qui doit faire le rapport de ces mêmes sons à la raison, afin qu'elle juge de la bonté des Accords, & de la justesse des Consonnances. C'est ce qui a fait penser à proposer icy

A

un Nouveau Systeme, ou affemblage de voix, par lequel on efpere pouvoir abreger plus de la moitié de la peine à ceux qui commencent, & rendre l'Intonation beaucoup plus jufte & plus facile qu'elle n'a été jufqu'à prefent. Et l'on fe perfuade d'autant plus aifément qu'il pourra être bien receu, que l'on n'a encore trouvé perfonne qui en ayant effayé, ne l'ait approuvé, & n'en ait reconnu l'avantage.

Pour bien entendre ce que l'on dira dans la fuite, il faut fuppofer un principe qui eft conftant, quoy que je voye peu de gens qui l'ayent remarqué ; favoir, qu'il eft du naturel de la voix humaine, quand elle chante par Degrez conjoints, de faire toûjours le demi-ton entre deux tons d'une part, & trois de l'autre ; aprés quoy elle s'éleve à un fecond demi-ton qui fait le complément de l'Octave : & c'eft fur ce fondement que font bâtis tous les Syftemes qui ont efté faits jufqu'à prefent. Ainfi comme nos organes font animez par la même ame, & qu'ils fe répondent toûjours ; l'oreille ne peut proprement recevoir d'accords que ceux qui font établis fur ce principe ; & la fuite de trois tons pleins luy eft prefque infupportable quand on s'y arrête fans paffer outre, lorfqu'ils fe font par Degrez disjoints, ou qu'ils fe rencontrent dans les Relations des diverfes Parties. C'eft ce qui oblige les Muficiens à fe fervir fi fouvent de Feintes; c'eft à dire, de fubftituer le demi-ton au Ton entier ; ou au contraire, comme nous l'expliquerons plus particulierement dans la fuite.

Cela pofé, il eft vifible que nous n'avons befoin que de trois ou quatre voix pour comprendre toute l'Intonation, puifqu'il n'y a jamais plus de trois Tons de fuite, fans rencontrer un demi-ton, & que quatre voix repetées deux fois peuvent remplir toute l'étendue de l'Octave. Il fuffiroit par exemple de dire, *Vt ré mi fa ; ut ré mi fa ;* en prenant garde de faire le fecond *ut* un Ton entier au deffus du premier *fa.* Mais parce que cette repetition des mêmes voix brouilleroit les Degrez de l'Octave, l'on s'eft cru obligé d'en admettre fept differentes, en difant, *ut ré mi fa fol la ſi.*

Il eft donc certain que fi nous pouvons trouver le moyen de nous reduire à trois ou quatre Terminaifons, fans neantmoins tomber dans cet inconvenient ; dés-là nous abregerons le chemin de moitié pour ceux qui commencent : de même qu'un Maître qui montre à lire à un enfant, luy a plûtoft appris à bien prononcer & retenir trois ou quatre syllabes, que non pas fept ou huit. Mais fi avec cela les fyllabes que nous propofons font tellement arangées qu'elles favorifent d'une maniere particuliere le port de la voix, auffi bien en montant qu'en defcendant ; foit dans les Degrez conjoints, où dans les Degrez éloignez : qu'elles donnent au moindre Ecollier une facilité toute entiere de chanter d'abord le *b mol* auffi feurement que le ♮ *quarre* : & qu'elles nous fourniffent un grand nombre d'autres utilitez qu'on pourra encore remarquer dans la fuite : il n'y a perfonne fans doute qui ne voye que cela valoit bien la peine de s'appliquer à les rechercher.

Ce n'eft pas que d'autre part l'on ne doive auffi beaucoup fe deffier de fes penfées, c'eft ce qui nous doit porter à les foûmettre au jugement des Sages : mais quand on auroit moins reüffy dans le deffein qu'on s'eftoit propofé, on doit efperer que le defir qu'on a eû de fervir le public en cecy, *officiofus labor*, comme dit S. Auguftin parlant de la Mufique, couvrira une partie des fautes qu'on pourroit y avoir commifes ; & la bonté des perfonnes équitables nous pardonnera le refte.

Le Syfteme que l'on propofe peut être utile à ceux qui chantent par Bandes de Notes placées fur des lignes differentes, & à ceux qui chantent par nombres placez fur une même ligne, comme fefoient les Anciens ; ce qui a été hureufemenr renouvelé en nos jours par un habile Religieux de l'Obfervance de S. François. Il eft certain que cette derniere Methode eft moins embarraffante, & qu'elle fait plûtoft trouver les voix qui renferment les fons : mais il femble auffi d'autre-part, que ces bandes de lignes nous impriment mieux la diftance de leurs Degrez, foit en montant ou en defcendant : aumoins eft-ce le jugement qu'en a fait jufqu'à cette heure le Public. Il ne refteroit donc que de joindre ces deux utilitez enfemble : & nous ferons voir dans la fuite que cela fe peut faire à fort peu de frais. Mais il faut faire voir auparavant quel eft noftre Syfteme de voix.

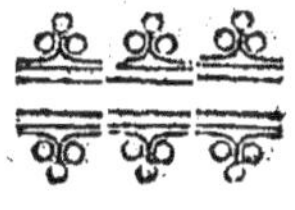

Systeme de nouvelles voix

Pour faciliter l'Intonnation du Chant

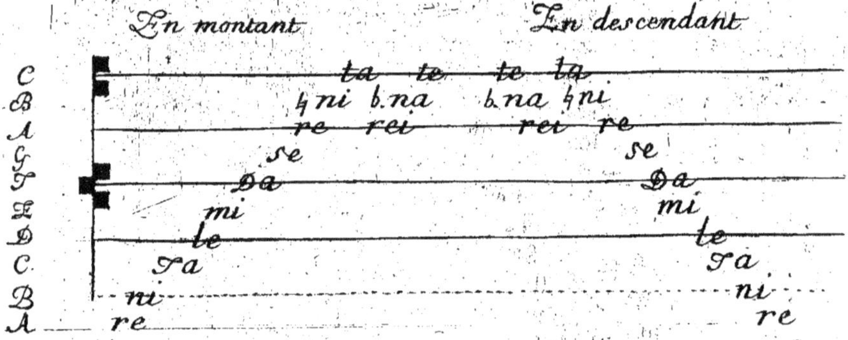

Les mémes voix representées par les nombres

Pour monter

1	2	3	4	5	6	7̸	7	i

Ta ton le ton mi demy Da ton se ton re ton ni demy ta

rei demy na ton te

Pour descendre

i	7	7̸	6	5	4	3	2	1

Ta demy* ni ton re ton sé ton Da demi mi ton le ton ta

Te ton na demy rie

III.

Explication generale du Systeme.

L'On voit à la marge de ce Systeme les sept premieres lettres de l'Alphabeth *a b c &c.* qui servent d'adresse pour en faire le rapport aux autres qui ont été en usage jusqu'à present, & pour l'appliquer sur les Instrumens.

L'on voit encore, que dessous les quatre lignes ordinaires du Plainchant, il y en a une qui n'est que de points pour la distinguer des autres, & qui ne laisse pas d'avoir des Notes; ce qui a esté fait dans le dessein de contenter tout le monde. Car quelques-uns croyent que l'on feroit mieux de commencer le Systeme par la Note qui répond à la lettre *A,* par laquelle il est certain que S. Gregoire commençoit le sien, en comparant les sept degrez de l'Octave aux sept jours de la Semaine qui renaissent toûjours dans le mesme ordre : & d'autres pensent qu'il vaut mieux le commencer par l'*ut,* qui répond au *C,* & duquel nous avons pris nostre *T a,* en gardant sa Consone. Ceux-cy trouveront donc leur compte, en negligeant cette ligne de points. Et les autres auront aussi ce qu'ils demandent en la fesant valoir. Et cette derniere ligne servira encore à leur donner l'idée des Bandes de la Musique qui sont composées de cinq lignes ; au lieu que les autres representeront les bandes du Plain-chant, où il n'y en a que quatre.

Ceux qui auront déja quelque usage de cét Art, verront aisément que ces nouvelles syllabes se doivent entonner, comme on entonne *ut ré mi fa sol la si.* Mais il leur faut faire remarquer que l'Octave n'a icy que trois Voyelles, *a, e, i,* quoy qu'elle ait sept syllabes qui se distinguent & se diversifient par les Consones : que ces trois voyelles estant les plus distinctes & les plus douces à prononcer, sont aussi les plus faciles à entonner : & que revenant à la seconde quarte dans le mesme ordre qu'elles estoient à la premiere ; quand on en sait l'une, on sait aussi l'autre; sans que cela apporte la moindre confusion dans les Degrez de l'Octave, qui sont invariablement marquez par les consones.

Ils peuvent aussi considerer que toutes ces Consones sont disposées avec art & avec raison. Car comme une des principales divisions qu'en font les Grammairiens, est celle des Mutes ou muetes;

qui font plus fourdes, & des liquides qui font plus coulantes ; nous
avons pris les deux Mutes qui fe répondent, *d*, *t*, pour les fyllabes
en *a* ; *ta*, *da* : & nous avons mis les deux liquides *l*, *r*, avec l'*é* fermé ;
lé, *ré*. Nous avons auffi donné à l'*i* les deux Demy-mutes, *m*, *n*,
pour faire *mi*, *ni*. De forte qu'il ne refte plus que l'*é* ouvert, où
nous avons joint l'*s*, qui paffe pour demy-liquide, & qui répond au
fol de l'ancienne Gamme fous la lettre G. Le *mi* fous la lettre *F* eft
auffi de l'ancienne Gamme ; ce qui nous a obligé de mettre *mi*
fous le *B* fans avoir égard au *fi* dont les autres fe fervent, tant par
ce que l'*s* avoit déja efté employée fous le *G*, que parce qu'il eftoit
plus à propos de faire répondre l'*n*, à l'*m*, qui eft fa compagne.
C'eft pour la même raifon que nous avons mis *Da*, fous l'*F*, pour répondre au *Da* qui eft fous le *C*, fans nous arrefter au *Fa* dont on fe
fert.

Car il faut remarquer que ces Confones font tellement difpofées
qu'elles fe trouvent toûjours chacune à une Quarte ou à une Quinte
de fa compagne : A une Quinte lorfque nous paffons de celle qui eft moins
avancée dans l'Alphabeth, à celle qui l'eft plus, *d --- t : l --- r : m*
--- n : Et à une Quarte, lorfque nous paffons de celle qui l'eft le plus à
celle qui l'eft le moins ; *t --- d : r --- l : n --- m*. Ce qui fert à retenir
les Confonances, & peut être d'une tres-grande utilité pour ceux
qui chantent par les Nombres & autres figures placées fur une même ligne, ou qui apprennent à compofer.

C'eft la raifon qui nous a obligé de mettre la fyllabe *Ré*, vis-à-vis
de la lettre *A*, quoy qu'il eût peut-étre femblé plus naturel d'y
mettre *Lé*, afin de garder au moins la Confone de l'autre Syfteme
qui y met *La*. Mais nous pouvons encore confidérer qu'au lieu qu'en
y mettant *Lé*, nous n'aurions gardé qu'une Confone du vieux Syfteme ; au contraire en y mettant *Ré* nous en gardons une fyllabe entiere,
qui eft le *Ré de B*, ainfi qu'ils l'appellent : & qu'en mettant
Lé vis à vis du *D*, nous confervons la Confonne du *La de B mal*. A
quoy l'on peut ajoûter, qu'il fembloit affez raifonnable de mettre *L*,
M, de fuite, comme elles font en montant dans ce Syfteme ; & *R*, *S*,
comme elles s'y trouvent en décendant. Quoy qu'il en foit on peut
voir par là qu'on a tâché de pezer jufqu'aux Atomes, pour ne rien
faire fans raifon. Si quelqu'un neantmoins aimoit mieux mettre le *Lé*
à la place du *Ré*, croyant que cela feroit plus aifé à retenir, il luy

seroit toûjours libre d'en ufer comme il luy plairoit.

Mais on peut remarquer que ce n'eſt pas une affaire que de retenir ces ſept ſyllabes dans l'ordre où elles ſont. Car ſi l'on veut bien
nous permettre de redevenir enfans pour un moment, *pueriliter agere*,
& ſi l'on veut bien excuſer quelque choſe de moins ſerieux de nous,
nugacitatem noſtram excuſare, comme diſoit encore S. Auguſtin,
nous ferons voir que l'on peut conſiderer la ſyllabe *Da*, qui eſt ſous
la lettre *F*, comme la Dame & la Maîtreſſe du Syſteme, dont elle
fait comme le centre. Ainſi pour retenir les Notes qui ſont au deſſous,
Da mi lé ta; l'on n'a qu'à ſe ſouvenir de, *Rendez-moy toutes choſes gaies,*
hureuſes, faciles & agreables. Et pour retenir les autres ſyllabes
qui vont en montant, *Da ſa ré ni ta*; on peut ſe figurer que nous
demandons *la ſerenité*; c'eſt à dire *le beau-temps, la gaieté, la féli-*
cité, le calme de toutes nos paſſions, &c. De ſorte qu'il ſeroit peut-
être difficile de trouver une ſuite de ſyllabes qui convinſſent mieux à
la Muſique, dont un des principaux fruits eſt de diſſiper les brouillars
de noſtre eſprit & de nous entretenir dans la joie. Or ces choſes
qui ſont ſimples & familieres, ne laiſſent pas de faire leur effet,
& les ayant une fois compriſes, en voila aſſez pour n'oublier jamais cet
ordre de ſyllabes en toute ſa vie. Je croy que cela peut ſuffire pour
ce qui regarde la diſpoſition generale du Syſteme: il faut venir au
particulier.

I V.

De ce que l'on doit particulierement faire remarquer aux Ecoliers'
  dans ce Syſteme. Des deux ſortes d'Octaves qu'il contient, & en
  quoy conſiſte la difference du b mol & du ♮ quarre.

SI l'on apprend à chanter par les Bandes de Notes, on doit d'a-
bord faire remarquer aux Ecoliers, que c'eſt par les Clefs qu'on
vient à la connoiſſance des autres Notes. Qu'il y en a deux ordinaires dans le Plain-chant; celle de *Ta* qui eſt ſimple, & celle de
Da qui eſt double, comme on voit dans noſtre figure: à quoy les
Muſiciens en ajoûtent une troiſiéme, qu'ils mettent ſous le G : Et il
leur faut faire voir, comment c'eſt par cette Cléf qu'on doit commencer à compter toutes les autres Notes; en les ſuppoſant ſur les
lignes & dans les eſpaces, juſqu'à ce qu'on ſoit venu à celle par

où la piece commence; & leur donnant les noms que l'on voit dans
le Syfteme, foit en montant foit en décendant.

Si l'on fe fert des Nombres, la chofe fera encore plus facile à connoître, parce que chaque figure fait fon effet par elle même, & marque ce qu'elle fignifie, fans qu'on ait befoin d'autre fecours; furquoy
l'on peut voir les Essais du R. P. Souhaitty, que l'on trouvera
au mefme lieu que ce livre-cy.

Mais foit qu'on fe ferve d'une Métode ou de l'autre, il faut toûjours leur faire remarquer que l'Octave, qui eft la jufte étendue de la
voix, eft compofée de fept Degrez diftinguez par nos fept fyllabes, aprés
quoy l'on revient à la premiere qui eft alors la huitième; & qu'ainfi
il fe fait un cercle continuel de ces fept voix, qui peuvent aller à
l'infiny.

Que ces fept Degrez renferment cinq Tons & deux demi-tons,
qui font difpofez felon le naturel de la voix dont j'ay parlé, en forte
que le demi-ton (qui eft toûjours enfermé entre les voyelles, *a, i*)
fe trouve environné de deux Tons d'un cofté & de trois de l'autre;
& que c'eft de cette difpofition de Tons & de Demi-tons que naift
la difference des deux Octaves que nous appellons de *Ni* & de *Na*,
& que les autres nomment de ♮ *quarre* & de *b mol*. Que cette difference ne confifte que dans la tranfpofition d'un demi-ton, & qu'-
ainfi cela ne peut faire nulle peine à ceux qui fe ferviront de noftre
Syfteme; parce qu'en tranfpofant le demi-ton, on tranfpofe auffi les
voyeles qui le renferment, ou bien l'on en fait une Diphthongue, de forte
que l'on fe trouve toûjours dans la même affiette; c'eft à dire dans
la mefme fuite; non-feulement d'Intonations; mais auffi de prononciations; comme on peut voir fur noftre Figure, & comme on le
verra encore mieux cy-aprés fur la Tablature des Confonances.

On peut en même temps leur faire entendre que par cette tranfpofition il arrive qu'il n'y a plus que deux Tons avant le demy-ton,
au lieu de trois qu'il y avoit; & qu'au contraire, il y en a trois aprés
où il n'y en avoit que deux: & par confequent, que l'on pourroit
faire le même effet, en élevant le Chant d'une Quinte, ou le raba-
baiffant d'une Quarte; c'eft à dire, par exemple, en prenant *Ta* pour
Da, & le refte de fuite fans y rien changer : parce qu'alors on fe trouveroit dans la même alternative de Tons & de demi-tons, qu'en fefant la tranfpofition par *bé mol*, ainfi qu'on le peut encore confiderer
fur nôtre Figure.   Mais

Mais il faut sur tout leur faire voir qu'il y a toûjours un signe qui
nous avertit de ces transpositions, de sorte qu'on ne s'y peut tromper : Et il leur faut faire comprendre que quand on voit cette marque,
il est bon de faire le changement dés la syllabe precedente, c'est à
dire de faire de sa voyelle une diphthongue, en y joignant l'autre
voyelle qui nous doit mener au Demiton, savoir un *i* aprés l'*e*
en montant ; *rei* , *na* : ou devant le même *e* en descendant ; *na* , *rie.*
Car de cette maniere votre Demiton se trouve toûjours dans ses
bornes naturelles de l'*i* & de l'*a.* Et l'*é* qui est la voyelle propre de
votre syllabe *ré*, vous donne moyen de la reconnoître, & vous faci-
lite le passage aux Notes suivantes.

Avertissement.

JE say bien qu'il y a quelques personnes qui ont û peine à ap-
prouver ces changemens, & qui ont crû que c'étoit rentrer dans
une espece de Muances. Mais assurément c'est qu'ils n'en avoient pas
essayé ; ou bien qu'ils étoient trop habiles pour entrer dans le détail de
la peine qu'ont la pluspart de ceux qui ne sont pas nez Chantres, à
faire dans les commencemens le Ton & le Demiton sous mêmes syllabes. C'est ce qu'avoit voulu introduire un fameux Musicien de ce   *M. le*
siecle avec son *Ta ra ma fa sa la za.* Mais il n'en a pû venir à bout.   *Maire.*
Et l'on ose bien assurer aprés des experiences certaines, qu'il se trouvera plus de gens qui s'accoutumeront à faire ces Diphthongues en
trois jours, qu'il n'y en aura qui fassent bien ces Tons & ces Demitons sous mêmes syllabes en trois mois   La raison est que ce n'est
pas la memoire qui nous fait plus de peine en ces rencontres, puisque d'ordinaire nous savons assez quelle est la Note que nous envi-   *Amor ad*
sageons ; mais c'est notre oreille qui n'y répont pas, & qui estant le   *Heren.*
plus difficile à contenter, *sensus fastidiosissimus*, ne s'accommode pas
de ces Intonations differentes sous même voyelle, & n'aime rien
tant que d'entendre toûjours les mêmes sons sous les mêmes prononciations. C'est ce qui fait que quantité de bons Ecclesiastiques ou
Religieux, se trouvent encore étonnez lorsqu'ils rencontrent un
b mol, aprés même qu'ils auront chanté des trois ou quatre ans
dans les Eglises ; parce que l'habitude qu'ils ont de ne faire l'*ut* qu'un
Demiton au dessus de la Note qui le precede dans le chant de ♮
quarre , ne leur permet presque pas de le faire en plein ton au dessus

de celle qu'ils quittent en *b mol* pour y venir. En effet l'Intonation se forme également de la syllabe que nous quitons & de celle où nous entrons ; d'où il s'enfuit qu'il y doit avoir changement dans toutes les deux, quand nous voulons fubftituer le Demiton au Ton entier, ou le Ton entier au Demiton. Et cela eft fi vray qu'il y a d'habiles Muficiens qui preferent les Muances de la Gamme à cette feptiéme Note en la maniere qu'on en ufe aujourd'huy, & qui pretendent qu'encore qu'elles foient plus embarraffantes, neantmoins on eft bien plus fur quand on a furmonté cette difficulté ; parce qu'on ne fait jamais le Demiton que fous la même prononciation de l'*a* & de l'*i*. Auffi ne faut-il pas s'imaginer que Guy l'Aretin qui étoit habile, ayt pû ignorer qu'il faloit une feptiéme Note pour remplir tous les degrez de l'Octave : il le dit fouvent luy-même ; & nous voyons que Virgile nous introduit fon Orphée chantant par nombres fept Tons ou voix differentes.

Obloquitur numeris feptem difcrimina vocum. Æn. 6.

Ce n'étoit donc pas une affaire à Guy d'ajoûter encore une Note aux fix autres, & s'il ne l'a pas fait, ce n'a été que pour éviter ces inconveniens des diverfes prononciations pour le Demiton. Auffi des perfonnes d'efprit ont jugé cette raifon fi importante en ces derniers temps, qu'ils ont mieux aimé garder deux Chants de la Gamme, que de tomber dans cette difficulté. Les uns l'ont fait en prenant les voix de *b mol* avec celles de *Nature*, en mettant toûjours *fi* au deffus du *la* : Et les autres en prenant ♮ *quarre* avec *Nature*, & y mettant toûjours *fa*. Il eft vray que de cette maniere ils avoient ce qu'ils prétendoient ; parce que comme j'ay dit on fait le même effet, en élevant le Chant d'une Quinte, ou le rabaiffant d'une Quarte, qu'en tranfpofant le Demiton. Mais ils tomboient dans deux autres inconveniens confiderables. Le premier en ce qu'ils changeoient la fituation de toutes les voix dans chaque Chant, ce qui confont extrémement les idées ; & le fecond en ce qu'ils fe trouvoient dans la même peine que les autres lors qu'ils étoient obligez de faire le Ton & le Demiton en même figne, comme il arrive fouvent. De forte que tout confideré on trouvera, fi l'on y prent garde, qu'il n'y a guere de moyen plus fur ny plus facile pour nous tirer de toutes ces peines, que de s'accoûtumer à fe fervir de nos Voyelles & de nos Diphthongues.

Il ne faut point dire que c'eft toûjours introduire une efpece de

Muances, car on doit confiderer qu'il y a une extrême difference entre les Muances de l'Aretin & ce que nous propofons. Les Muances étoient un changement continuel du mot entier, qui fefoit qu'on en pouvoit trouver de trois fortes differentes fur chaque degré: icy, au contraire, ce n'eft que comme un changement de Cas, ou fi vous voulez de Dialecte, dans le même mot, qui fe fefant toûjours de la même forte, & y aiant toûjours une marque qui nous avertit quand il le faut faire, on ne peut jamais s'y tromper.

Il y en a d'autres qui croyent que c'eft une chofe defagreable de prononcer ces Diphtongues. Mais c'eft qu'ils ne favent pas encore comment il les faut prononcer. Car toutes les Langues ont leurs Diphthongues, qu'elles prononcent auffi facilemét & auffi délicatement que les voyelles fimples : toute l'adreffe confifte à couler fi doucement la premiere voyelle de la Diphthongue, qu'elle ne ferve que d'un paffage à la feconde, & que toutes les deux ne faffent qu'une fyllabe. Et veritablement il feroit affez étrange qu'en voulant apprendre à bien faire les Feintes, on n'en pût pas bien feulement prononcer le nom, ou que l'on s'imaginât que la Diphthongue *ei* fût plus rude dans la fyllabe *rei* du Syftême, que dans le mot de *Feintes*, qui eft un terme de l'Art même ; ou que celle de *rié* fût plus defagreable dans l'intonation, qu'elle n'eft dans le difcours familier, en difant *rien, bien, mien* & femblables.

Aprés tout, comme on ne propofe ce petit fecours que pour ceux qui font encore Novices dans l'Art; on peut le quiter fi l'on veut, lors qu'on en a contracté l'habitude, ou que l'on fe croit affez fort pour s'en paffer. Ceux même qui ne voudront point du tout s'en fervir, ne laifferont pas de tirer de ce Syftême les autres avantages que j'ay marquez. Mais j'ay été bien-aife, au moment que je finiffois cét écrit, de faire hureufement rencontre d'une perfonne tres-habile, & qui a autant travaillé fur le fonds de la Mufique qu'aucun autre que je fache, lequel approuve particulierement cette Metode, & foûtient qu'un Muficien ne doit non plus avoir de peine à entoner les Diphthongues, que les plus fimples voyelles.

V.

De ce que l'on peut encore faire remarquer aux Ecoliers à mesure qu'ils avancent. Et qu'un des grans avantages du Nouveau Systême, est que ses voyelles qui forment les Tons, montent des plus sombres aux plus brillantes, & celles des Demitons au contraire.

JE ne marque point le tems où l'on mettra les Ecoliers dans la pratique, parce que je suppose qu'on est assez persuadé, que le plûtost est le meilleur. Il faut seulement leur faire comprendre de vive voix une partie de ce que nous disons icy, selon qu'on voit qu'ils y ont quelque ouverture.

On doit donc d'abord leur bien faire entonner notre Systême, & ensuite les faire passer aux Consonances & au mélange des Octaves que nous mettrons cy-après. Mais il est bon avant que d'en venir là, de leur faire encore remarquer combien ce Systême nous y peut servir, puisque par son moyen quand on sait une des Consonances, on sait aussi les autres de même espece, où l'on trouve les mêmes sons, & la même suite de voyelles : & non seulement on les sait, mais on s'y affermit infiniment davantage, parce qu'on retombe toûjours sur les mêmes prononciations.

Il faut leur faire voir encore un autre avantage considerable de ce Systême, qui consiste en ce que de quelque maniere qu'on le prenne, & soit que l'on chante par Degrez conjoints, ou par Degrez separez ; ses voyelles sont tellement disposées, qu'elles s'élevent toûjours des plus sombres aux plus claires en montant, & qu'elles reviennent de même des plus claires aux plus sombres en descendant : ce qui favorise extrémement la justesse de l'Intonation ; Au lieu qu'il arrive souvent le contraire par le Systême d'*ut ré mi fa sol la*, & que c'est une des raisons pourquoy on est si long-tems à se rendre sur dans le Chant par cette Métode.

C'a été pour demeurer toûjours dans cette proportion, que nous avons mis un *è* ouvert à la cinquiéme syllabe *sè*, en le marquant pour cèt effet d'un accent grave ; au lieu que *lé*, & *ré* se prononcent par un *é* fermé, & sont marquez d'un accent aigu. Et si quelqu'un ne savoit pas encore quelle est la difference de ces deux *è*, *é* en nôtre langue, on pourroit la luy faire comprendre, en luy disant que *sè* doit

eſtre icy prononcé, comme la premiere ſyllabe du mot *ſerré*, (con-
ſtrictus) & le *ré* ou le *le* comme la ſeconde.

Pour la même raiſon on doit mettre cét *è* ouvert avec le *T*, lorſ-
que pour empécher qu'il n'y ait deux ſyllabes en *a* de ſuite, on
change *ta* en *tè*, comme on voit dans le Syſtême : & alors ce *rè* doit
étre prononcé comme la premiere ſyllabe du mot de *teſte* (*caput.*)

Il faut ſeulement excepter de cette Regle generale des ſyllabes plus
claires ou plus ſombres le Demiton, lequel au contraire des Tons
entiers paſſe d'une ſyllabe plus claire à une plus ſourde, en s'élevant de l'*i* à l'*a*, & d'une plus ſourde à une plus claire, en deſcen-
dant de l'*a* à l'*i*. Mais c'eſt en cela même que ce Syſtême eſt avantageux ; parce que rien ne nous peut mieux avertir de ne pas tant élever alors nôtre voix, ou de ne la pas tant abaiſſer que nous ferions dans
le Ton plein. Ce qui ſe trouve avoir été auſſi obſervé dans l'*ut ré
mi fa* de Guy l'Aretin , & dans le *Bo cé di ga* des Allemans.

V I.

*Que ce Syſtême nous preſente encore le même avantage pour les De-
grez ſeparez, & qu'il nous donne une facilité merveilleuſe de diſcerner toutes les Conſonances par les ſyllabes mêmes qui le compoſent.*

CE Syſtême nous donne encore un pareil avantage pour les Degrez ſeparez. Car ſi nous prenons les Conſonances Mixtes : c'eſt
à dire qui ſont tantôt Majeures & tantôt Mineures ; nous trouve-
rons que les plus fortes qu'on nomme Majeures , & qui ſurpaſſent les
Mineures d'un Demiton, s'élevent d'une voyelle plus ſombre à une
plus claire ; comme *Ta--mi*, *Da--ré*, *Sè--ni*, Tierces Majeures ;
& de même *Ta---ré*, *Lé---ni*, Sixtes Majeures : & que les Mineures au contraire, paſſent en montant d'une voyelle plus brillante
à une plus ſourde ; ce qui avertit naturellement de ne les pas tant
élever ; comme *Lé--da* , *Mi--sè*, Tierces Mineures ; *Mi---ta*,
Ni---sè, *Ré---da*, Sixtes Mineures. Et l'on trouvera encore le même avantage pour les Septiemes , ſi on veut les employer. Ainſi
voila une maniere facile & naturelle de diſcerner & de bien entoner
ces Conſonances Mixtes, en quoy les Bandes de lignes ne ſervent
qu'à nous tromper, ſi elles ne ſont appuyées de ce ſecours, puis qu'elles
nous répréſentent toûjours les Majeures & les Mineures en même

B iij

diſtance, ſans que perſonne ût encore pu trouver remede à cét inconvenient.

Les Quartes & les Quintes à la verité, n'ont pas beſoin de ce même temperament, puis qu'elles ſont toûjours égales en leur genre.
Mais comme ces deux Conſonances ſont les plus conſiderables, &
que priſes conjointement, elles meſurent & rempliſſent toute l'Octave ; auſſi ce Syſtême nous donne une autre maniere particuliere de
les remarquer par les Conſones de leurs ſyllabes, comme je l'ay déja
fait voir. Et nous pouvons de plus remarquer icy une autre proprieté
de ces Conſonances dans notre Syſtême, qui ne ſera pas moins utile
pour la Compoſition, que pour l'Intonation:

Car ſi nous les comparons réciproquement ; c'eſt à dire les Quartes
avec les Quintes, & les Quintes avec les Quartes : nous trouve-
rons, qu'encore qu'elles puiſſent monter les unes & les autres de
voyelles égales à égales ; comme d'*a* à *a* ; *Ta--da*, Quarte ; *Da---ta*,
Quinte : neantmoins la Quinte qui eſt la plus forte des deux, peut
auſſi monter d'une voyelle plus ſombre à une plus claire, comme
Ta---ſè ; ce que ne peut pas la Quarte : & qu'au contraire, la Quarte
peut demeurer ſur une voyelle plus ſombre, *Lé---ſè*, *Sè---ta;* ce que
ne peut pas la Quinte. Et cette Regle eſt ſi generale & ſi bien établie dans notre Syſtême, que ce qui y eſt contraire ne peut être qu'un
faux Accord, comme *Da---ni*, ou *Na---mi*, fauſſes Quartes; *Mi---
na*, ou *Ni---da*, fauſſes Quintes. De ſorte que d'un coup d'œil, nous
y pouvons voir les Conſonances & les Diſſonances en même temps.

Les Maîtres jugeront de quel avantage cela peut être pour former
les jeunes gens à la Compoſition. Ils leur peuvent faire comprendre
en un mot, que comme il n'y a rien de plus doux que le paſſage de
l'*i* à l'*a* dans les Degrez conjoints, parce qu'il renferme le Demiton qui eſt l'ame de l'Harmonie ; auſſi il n'y a rien de plus deſagrea-
ble que ce qui ſe trouve renfermé entre ces mêmes voyelles dans
les Degrez éloignez.

VII.

Que tout ce qui est dit de l'arangement des voyelles de ce Systeme ne
peut nullement embaraffer, parce qu'elles font leur effet
fans même que l'on y penfe.

OR quoy que tout ce qui eft dit icy de la difpofition des voyelles ne foit pas inutile à remarquer, parce que cela fert à en
faire voir la beauté, & l'exacte proportion qu'on y a gardée : neantmoins cela ne doit nullement embaraffer les Ecoliers, parce que ce
font des chofes qui font leur effet par elles mêmes, fans qu'on y
penfe; de même que la chanterelle d'une Viole & fa baffe font le
leur, fans qu'on y faffe reflexion.

Qu'eft-il befoin, dira peutêtre quelqu'un, de nous embaraffer de
toutes ces chofes, puis qu'il fuffit de favoir bien entoner les fyllabes d'un Syfteme, telles qu'elles foient, pour y trouver tous les
Tons & les Accords.

Je le veux, & tout le monde en convient. Mais il faut auffi
avouer qu'il peut y avoir de ces fyllabes plus commodes les unes
que les autres. Si l'on vous préfente donc une difpofition de voyelles
dans ces fyllabes, qui favorife par elle même la juftelle de l'Intonation, en toutes les manieres qu'on la puiffe prendre, foit par Degrez
conjoints ou par Degrez feparez, & qui produife ces effets fans même que vous y penfiez; n'eft-il pas vifible que cette difpofition doit
être preferée aux autres? Que diriez vous d'un homme qui feroit le
même raifonnement en parlant des Inftrumens: Qu'eft-il befoin de
prendre tant de peine à bien proportioner les Cordes d'un Luth en
commençant par les plus groffes & finiffant par les plus déliées?
ne fuffit-il pas de les prendre telles qu'elles foient, & de les ban-
der plus ou moins, jufqu'à ce qu'on les mette d'accord? Il eft certain que cet homme pafferoit pour ridicule au jugement de tout le
monde.

Or c'eft icy apeupres la même chofe. Il eft vray qu'il fuffit à
un Ecolier de bien entoner le Syfteme pour entrer dans la pratique,
comme il fuffit de bien toucher le Luth pour y être habile : mais combien a t'il fallu travailler pour en trouver toutes les jufteffes & toutes

les proportions. Ce nouveau Syſteme eſt donc comme l'Inſtrument
que l'on vous a préparé avec beaucoup de ſoin & beaucoup de peine.
Il ne reſte plus qu'à vous mettre en état d'en bien jouer ; il fera
toûjours ſon effet , quand vous le toucherez bien , ſans même que
vous y penſiez. Mais il ne vous ſera pas inutile neantmoins de ſa-
voir les raiſons de la compoſition : puiſque Boëce veut que l'on commence d'abord à faire entendre aux Ecoliers la proportion des Sons
& des Accords ; & que Saint Auguſtin fait conſiſter la difference
qu'il y a entre un Muſicien & un Roſſignol, en ce que le Muſicien
comprent la raiſon de ce qu'il chante , & que le Roſſignol n'y entent rien.

Cette penſée de deux ſi grands hommes m'obligeroit d'ajoûter
icy quelque choſe des proportions des Sons & des Accords ; mais
j'en parleray ailleurs. Ie diray ſeulement que cette diſpoſition de
voyelles qui montent toûjours des plus ſombres aux plus éclatantes,
eſt ſi avantageuſe dans le Chant, que je la croy même preferable à
l'avantage que l'on croit tirer des Bandes par elles mêmes. Il ne
reſteroit donc plus que de trouver l'invention de marquer cette
même diſpoſition ſur ces Bandes, en ſorte que les Notes qui ſont les
Signes des ſyllabes du Syſteme, nous imprimaſſent le Son des ces
mêmes ſyllabes auſſi bien par leur Figure que par leur ſituation.
Ainſi nous joindrions enſemble les deux avantages & de la Methode du P. Souhaitty , & de celle des autres qui combatent pour
les Bandes de Notes. Et cela ne ſera pas difficile.

VIII.

Qu'on pourroit aiſément marquer la diverſité de nos ſyllabes ſur les
Bandes de lignes. Que cela ne demanderoit que l'addition de deux
nouveaux Caracteres parmy les autres Notes ; & qu'il
ſerviroit extremement à aſſurer l'Intonation.

POur cela je ne voudrois introduire que deux nouvelles Figures
dans ces Bandes, l'une d'un Triangle & l'autre d'un Polygone,
avec les Notes quarées , dont on ſe ſert déja. Car comme nous n'a-
vons que trois voyelles dans nôtre Syſteme, auſſi il ne faudroit que
trois differens Caracteres pour les exprimer. Ce qui ſeroit encore
bien

bien plus court que la Methode des Nombres du **P.** Souhaitty où il en faut sept.

La difficulté est de trouver moyen de faire servir une même Figure à marquer si distinctement le Ton & le Demiton ; puisque nous voyons par exemple que les syllabes en *i*, qui sont termes de Tons en montant, ne sont que termes de Demitons en descendant, & celles en *a*, au contraire : quoy que tout cela se fasse sur mesme degré. C'est aussi ce qui m'a donné plus de peine, car ni les Bandes, ni les Nombres ne nous y donnent aucune lumiere. Mesme j'ay cru enfin qu'on le pouroit effectuer par le Triangle, en changeant simplement sa situation ; en sorte que le Demiton qui n'est autre qu'une voix naissante ou diminuée, se trouvât toûjours dans sa pointe qui finit à rien.

Ainsi l'on mettroit la pointe du Triangle en bas, pour marquer le Demiton qui se fait sur les syllabes en *i*, quand on descent : au lieu que le haut du Triangle qui seroit large representeroit le Ton plein ; en imaginant, si vous voulez, que la voix va frapper de ce côté-là, & qu'elle forme son Ton entier pour le remplir.

Par la même raison nous ferions encore servir le Triangle pour les syllabes en *A*, mais avec cette difference, qu'il auroit alors la pointe en haut, & ainsi feroit le même effet pour le Ton & pour le Demiton, que nous venons d'expliquer en parlant des Notes en *i*. Il n'y auroit qu'à s'imaginer vne fois que c'est proprement vers l'extremité de la Figure que va se terminer la voix, soit en montant, soit en descendant. L'on ne dévroit pas même craindre qu'on pût prendre le change dans ces rencontres ; parce que l'A capital a déja assez la forme d'un Triangle tourné la pointe en haut. Outre que le *Delta* Grec △ est un vray Triangle, ce qui feroit souvenir de nôtre syllabe *Da*, dont le *Ta* est la correspondante. Et afin que ces Triangles ne défiguraffent pas l'impreffion, on pouroit toûjours former le carré entier comme aux autres Notes, mais en telle sorte que dans ce carré le Triangle qui y seroit compris seroit noir & plein, & que le reste de la figure demeureroit vide ou blanc. Le carré qui enfermeroit le Triangle serviroit aussi à nous faire souvenir plus particulierement que cette figure peut quelquefois être terme d'un Ton plein, & quelquesfois d'un Demiton, ce qui seroit déterminé par la pointe du Triangle, comme j'ay dit.

C

Il ne refteroit plus que nos fyllabes en *e*, à déterminer. Nous en
avons de deux fortes, l'*è* ouvert & l'*é* fermé. Nous laifferions pour
ce dernier les Notes carrées, & nous prendrions un Pentagone, c'eft
à dire une Figure à cinq Angles pour l'*è* ouvert. Ainfi voila toute
l'intonnation renfermée dans trois figures, comme elle eft toute com-
prife fous trois voyelles. Et la diftinction des Tetracordes, c'eft à
dire des Quartes, où ces mêmes voyelles font repetées, feroit mar-
quée par les Bandes mêmes, auffi-bien que celles des Octaves, comme elles le font aujourd'huy.

Cette invention n'empécheroit pas que l'on ne pût fe fervir de ces
Notes pointues en figure de Rhomboïde ou de Lozange, pour marquer les fyllabes breves, comme l'on fait d'ordinaire : parce que
cette figure eft moyenne entre les autres ; car d'une part elle eft
égale au Carré, comme on le peut démontrer par les deux paralleles
qui la renferment ; & de l'autre, elle a rapport à nos deux Triangles, ayant la pointe en haut & en bas. Elle pouroit donc fe mettre par tout où elle feroit neceffaire fans rien gâter, parce que les autres Notes figurées fur la même ligne ou dans le même efpace que
celle-là, nous feroient affez connoiftre fa valeur. Et par la même
raifon on pourroit auffi fe fervir de ces longues Notes traverfantes,
dont on ne confidere que les deux extremitez, parce qu'alors elles
feroient encore determinées par les autres qui leurs font voifines.

Ainfi voila le chant tout diftingué, fans qu'il y ait beaucoup de
dépenfe à faire, & fans que les livres changeaffent d'œuil, où qu'ils per-
diffentquelque chofe de leur beauté. Et l'idée de toute l'intonation
feroit toûjours fi prefente qu'il feroit impoffible de s'y tromper.

Or ces petits fecours ne font pas à négliger ; & ce n'eft pas que
la trop grande habilité des Maîtres qui fait qu'ils ne defcendent pas
affez dans ces détails en particulier. Guy l'Aretin n'en ufoit pas
ainfi : car il diftinguoit tellement tous les Degrez de ces Bandes, qu'il
leur donnoit à chacun leur lettre *a b c d e f g*. & qu'il mettoit encore les deux lignes des deux Clefs en couleur, marquant celle d'*Vt*,
(qui eft notre *Da*) en rouge ; Et celle de *C*, (qui eft notre *Ta*) en vert.
Mais la pareffe des Ecrivains a fait que dans la fuite on a negligé cet
ajuftement. Et l'impreffion étant venue depuis les a entierement abo-
lis, parce qu'en effet il ne feroit pas poffible de fe refoudre à mettre
jufqu'à trois fois chaque feuille fous la preffe pour y marquer ces trois

couleurs, rouge, vert & noir. Icy au contraire, tout est aisé & ne demande pas plus de peine qu'à l'ordinaire.

Je say bien que la Methode du R. Pere Souhaitty seroit encore d'un plus grand soulagement pour les Imprimeurs. Mais nous n'avons point vû jusques icy que ce soit dequoy on se mette plus en peine, parce qu'on cherche plûtot sa cōmodité que celle des Ouvriers : & je croy que chacun l'y trouveroit dans la maniere que je propose, & qu'elle seroit tres-facile à introduire. Vne personne d'esprit a déja remarqué que les Modes majeurs, étoient à l'oreille par leurs Tons pleins, ce que les figures cubiques font à nos yeux ; au lieu que les mineurs par leurs Demitons, avoient rapport aux figures Coniques. Cela se trouveroit favorisé par cette nouvelle maniere de Note, & ceux qui veulent qu'on observe cette difference entre des Tons Majeurs & des Tons Mineurs, y pouroient aussi trouver leur conte. L'Analogie de ces Figures (c'est à dire le rapport qu'elles auroient entr'elles) sembleroit encore assez proportionné ; puisque l'on passeroit de la figure de trois Angles à celle de quatre, & de celle de quatre à celle de cinq. Mais l'on se contente de toucher ces choses en general, afin que ceux qui y ont plus d'interest en puissent plus particulierement juger.

Quoy qu'il en soit, nôtre Systeme subsiste toûjours independemment de cela, & il peut être appliqué à toutes sortes de Livres tels qu'ils soient. Mais pour rendre ces mêmes Livres plus utiles, on pouroit toûjours marquer la lettre de la seconde Clef, avec la Clef qui domine ; c'est à dire, mettre par exemple une *F* en son degré naturel, quand on chante par la Clef de *G* ; & un *G*, quand on chante par la Clef d'*F* : ou selon nôtre Methode quand on chante par la Clef de *Ta*, mettre encore *Da* à sa place ; ou *Ta* à la sienne quand on chante par la Clef de *Da*. Cela feroit qu'on auroit toûjours deux Guides au lieu d'un, & que l'on se representeroit bien plus aisément les noms des Notes : enquoy consiste tout nôtre affermissement. Ce que l'on peut faire à ce deffaut, est d'accoutumer au moins les Ecoliers à supposer ces secondes Clefs, quoy qu'elles ne soient pas marquées, en leur faisant concevoir, comme il a été dit, qu'elles sont déja à une Quarte ou à une Quinte l'une de l'autre. Je ne doute point qu'il ne se trouve encore quelques-uns de nos Docteurs, qui diront que c'est faire trop de façon. Mais ils ne remedieront pas par ce mot à la paresse des

hommes, qui faute de ce fecours ne, chantent le plus fouvent que
par routine, fans favoir precifément le nom des Notes : ce qui eft la
ruine entiere du Chant, & le poifon de la Melodie.

Il eft bon auffi de faire voir aux Ecoliers, que les Notes qui au
deffous de la Clef font fur les lignes, fe trouvent dans les efpaces
quand elles reviennent au deffus; & au contraire : ce qui ne vient
que de la difpofition des Bandes fans aucun myftere. Et il eft encore
utile de leur faire remarquer quelle fera la Note qui répondra à la
ligne la plus haute , par relation à la Clef, parce que de cette maniere , la même Note fe retrouvera être dans le dernier efpace d'en
bas, c'eft à dire, fous la derniere des quatre lignes, & fervira comme d'un nouveau figne pour nous faire connoître les Notes qui en
feront plus prês, fans être obligé de recourir plus loin.

I X.

D'un autre avantage confiderable qui fe trouve encore dans ce Sy-
fteme , pour nous faire connoître tout d'un coup les Degrez qui font
fufceptibles ou de Diéfe , ou de b mol, ou de tous les deux,

UN autre avantage confiderable qui fe rencontre encore dans
ce Syfteme, & qui fert particulierement à ceux qui compofent
les pieces; eft qu'il nous fait voir d'un feul coup d'œuil, toutes les Feintes qui fe peuvent faire en abaiffant ou en élevant la Note d'un Demiton au deffus ou au deffous de fon fiege naturel ; & qui font les
degrez capables d'abaiffement, ou d'élevement , ou de tous les deux ;
ce que beaucoup de perfonnes ne confiderent quelquefois pas affez.

On pouroit bien fe paffer des mots de *b mol* & de *Diéfe* , puis
qu'il n'y a rien de plus mal inventé que le premier , quand cela ne
tombe pas fous la lettre B; & que le fecond n'eft pas entendu de beaucoup de gens; & nous appellerons tout cela du nom general de *Feintes,*
dont les unes fe font en *a,* lors qu'on abaiffe la Note, & les autres
en *i* lors qu'on l'éleve, ce qui revient au *Na,* & au *Ni,* dont nous
avons parlé cy-deffus en expliquant le *b mol* ordinaire, & ce qui

peut être representé par cette Figure : mais il la faut bien considerer.

Car premierement nous y voyons les Notes principales au milieu dans leur assiette natu-relle & en lettres capitales, avec leur distance de Tons ou de Demitons. Et l'on a mis à la marge du côté gauche les lettres de la Gamme, ou ancien Systeme, afin qu'on puisse rapporter l'un à l'autre.

Secondement, nous voyons que les Notes en *e* peuvent être élevées ou abaissées en ce changement en *i* dans leur elevement, & en *a* dans leur abaissement : De sorte que nous y trouvons de suite les trois voyelles *a*,*e*,*i*, sur la ligne traversante, qui monte de gauche à droit.

Troisiémement, que celles en *i* peuvent être seulement abaissées en prenant *a*; Et celles en *a* seulement élevées en prenant *i*. Ainsi l'*i* ne peut pas être élevé à un autre *i*, ni l'*a* abaissé à un autre *a* : & la raison en est claire, parce que n'y aiant qu'un Demiton entre ces deux cordes, il n'est pas possible de le subdiviser en deux autres.

Voila donc, comme l'Octave se divise en ses XII. Demy-tons. Mais on me demandera peut-être qu'elle necessité il y avoit d'introduire ces deux sortes de Feintes en *i* & en *a*, que nous voyons à droit & à gauche, puisque l'élevement d'une Note inferieure se trouve parallele à l'abaissement de la Note superieure ?

A cela on peut répondre, qu'il se pouroit faire que d'abord les Anciens auroient voulu distinguer par-là le Demi-ton majeur du mineur, qui est plus foible d'un *Comma*, c'est à dire d'une neuviéme partie du Ton Majeur. Mais qu'à cette heure, cela ne sert plus qu'à nous faire voir les richesses de cét Art, qui nous donne divers moyens d'effectuer la même chose, puisqu'on ne fait plus ces distinctions de Tons ou de Demitons en Majeur & Mineur, & que les Voix ne les peuvent prefque former. Ainfi il feroit libre aux Muficiens d'employer indifferemment les unes & les autres de ces Feintes, comme nous voyons que fur le Clavier de l'Orgue & de l'Epinette les mêmes Touches fervent pour les unes & pour les autres. Mais ce que l'on obferve, eft de faire en forte que l'*a* foit toûjours terme de Tons en defcendant, & de Demitons en montant, comme le *Fa*; ou comme nôtre *Da*, nôtre *Ta*, & nôtre *Na*: que l'*i* au contraire foit toûjours terme de Tons en montant, & de Demitons en defcendant, comme le *mi* ou le *ni*.

Qaand on veut marquer ces Feintes on fe fert d'ordinaire du *b* pour fignifier le *b mol*, ou pour mieux dire l'*Abaiffement* de la Note, puifque cela n'arrive pas feulement fous le *b* de la Game; & l'on met une demie-croix pour la Diefe, parce que ce mot fignifie un écoulemene, ou une diminution imperceptible de la Voix. On pouroit donc fe fervir encore plus heureufement de nos Triangles dont j'ay parlé, puifque rien ne marque mieux cette diminution que la pointe qui termine cette Figure, & appeller cela, comme j'ay dit, du mot general de Feintes. Et fi pour les bien entonner, quelqu'un vouloit encore prendre la peine de fe fervir de nos Diphthongues, il y trouveroit encore de l'avantage.

X.

CONCLVSION.

VOILA ce que j'ay crû être obligé de reprefenter icy touchant les veritables principes de l'Art de Chanter, & les avantages que l'on peut tirer de nôtre NOUVEAU SYSTEME. Ie fay bien que c'eft quelquefois fe hafarder, que de vouloir toucher aux chofes generalement receuës, comme l'*ut, ré, mi, fa, fol, la.* Mais fi l'on ne vouloit jamais rien faire de nouveau, on ne perfectioneroit jamais les Arts. Et l'on peut confiderer que je ne fuis pas feul qui ay trouvé à redire à cette fuite de Syllabes. Auffi eft-il certain que nôtre Guy ne l'avoit trouvé que par hazard, & que d'abord il ne la propofa que pour fervir d'exemple, parce que dans l'air dont on chantoit alors *Vt queant laxis Refonare fibris*, & d'où ces fyllabes font tirées, chacune étoit juftement dans le Ton, qu'elles ont toûjours marqué depuis.

Icy au contraire, tout eſt compaſſé & a ſa raiſon : & il ſemble
qu'il ſeroit aſſez difficile d'aller plus loin pour trouver un Sy-
ſtéme tout à fait utile & commode. Mais ſi l'on croit qu'il y ait
eû quelque eſpece de préſomtion à vouloir encherir ſur tant de Grans
hommes & de perſonnes habiles qui ont travaillé à cét Art dans tous
les ſiecles ; au moins eſt-ce une choſe pardonable d'expoſer en public
ce qu'on a penſé, pour ſe ſoûmettre au jugement des Sages, & à la
cenſure des Savans.

Si ce que l'on propoſe icy peut étre aſſez hureux pour ne pas dé-
plaire, on poura le faire ſuivre d'un autre Traité, où l'on parlera plus
à fonds de la Muſique, à moins, comme j'ay dit, que d'autres plus
habiles ne nous préviennent. On y parlera de divers Modes, & ſi
c'eſt avec quelque fondement qu'on leur donne tant de proprietez differentes. On paſſera aux Tons du Plain-chant, & on donnera les
Regles les plus certaines qu'on poura employer pour les reconnoître.
On y ajoûtera l'Intonation des Pſeaumes tant ſelon l'uſage du Cler-
gé, que ſelon les Reguliers, avec de petits Vers François pour les
retenir. On marquera la Proportion des Tons & des Conſonances,
par les Nombres & par les Lignes. On touchera même ce qui eſt plus
general & plus neceſſaire pour la Compoſition. Enfin l'on renfermera
en peu de pages, ce qui ne ſe trouveroit que diſperſé en pluſieurs Vo-
lumes, & l'on y donnera un nouveau jour, afin que cét Art ſi charmant
par luy-même, & ſi eſtimé des Saints & des Grans-hommes de l'An-
tiquité, puiſſe devenir familier à tout le monde, & que les honneſtes
Gens qui auront quelque louable curioſité pour s'en faire inſtruire,
puiſſent trouver ſans peine ce qui leur ſera neceſſaire pour en acque-
rir une connoiſſance ſuffiſante, & pour la mettre hureuſement en
pratique, lors qu'ils s'y trouveront engagez par leur état, où qu'ils
s'en voudront donner le plaiſir.

Mais en attendant cela, il y a lieu d'eſperer que cet Ecrit-cy poura
ſatisfaire une partie de leurs deſirs, & qu'il ſera même utile pour
l'éducation de la Jeuneſſe, enquoy conſiſte un des plus grands avantages de la Republique. Ainſi il y a peu de Maîtres & de Précepteurs
qui ne le dûſſent avoir, pour inſpirer de bonne-heure les vrais principes de cét Art à la Jeuneſſe, & les leur faire mettre hureuſement
en pratique. Car ſi le Sage Boëce a bien remarqué que l'Harmonie
du Chant a un tel pouvoir ſur nos eſprits, que les nourrices s'en

servent hureufement pour appaifer les enfans qui crient; il eft certain qu'elle en auroit encore davantage fur ceux qui commencent à agir par raifon, & que rien ne feroit plus puiffant pour redreffer leur humeur, d'où dépent fouvent, je ne dis pas feulement leur fortune, mais toute la fuite de leur vie, à laquelle eft quelquefois attaché leur falut, qui paffe dans l'Eternité.

Il y a des gens qui s'imaginent pouvoir corriger les enfans à force de châtimens, & qui font toûjours plus prefts à les punir qu'à prier pour eux. Cependant il eft écrit, *Non in fortitudine equi voluntatem habebit.* Ce n'eft pas qu'il ne faille auffi ufer de châtimens, puifque l'Ecriture nous le commande. Mais le capital de la bonne Education, qui eft une chofe aujourd'huy fi inconnue & fi negligée, eft d'y apporter une vigilance qui n'ait rien de trop fort, mais qui foit égale & continuelle, & de ne point laiffer tomber les enfans, comme *(Quintilien.)* difoit un fage Paien, afin de n'être pas obligé d'employer la force pour les relever. Or rien ne feroit plus favorable à ce deffein que de les introduire doucement dans l'Art de Chanter, & de les divertir quelquefois par les plus beaux Airs. On n'a pas oublié de marquer dans l'éloge d'un des Hommes Illuftres de nôtre temps, qu'il avoit appris *(M. le Premier Prefident de Bellievre.)* la Mufique & l'Architecture dez fes plus tendres années. Et Saint Jerôme vouloit de même que l'on commençât par la Geometrie (qui eft le fondement de ces deux Arts) à faire ouverture dans l'efprit des jeunes gens. On fait le progrês qu'y avoient fait dez leur premiere jeu- *(M. le Cardinal du Perron. M. des Cartes M Pafchal.)* neffe trois des grans Genies qui ayent paru en ces derniers fiecles. Mais comme tout le monde n'a pas ces talens extrordinaires, on d'evroit au moins fe fervir du Chant pour éveiller l'efprit des enfans par l'Harmonie, & pour élargir leur efprit en leur fefant concevoir peu à peu les raifons & les proportions des Sons, afin de les rendre capables de tous ces Arts. Je fay bien que tous ne font pas nez Muficiens, comme tous ne font pas nez Poëtes : mais fi c'eft l'Art qui forme les Orateurs; on peut dire auffi que c'eft l'Art qui forme les jeunes gens dans le Plain-chant qui eft le plus néceffaire, & qu'il n'y en n'a point qu'on n'en pût rendre capables en fort peu de temps, pourvu que l'on voulût bien fe fervir de cette Methode. Ainfi il n'y auroit rien de plus louable pour les Maîtres, ni de plus utile pour les Ecoliers, que d'y paffer au moins quelquefois quelque demi-heure par forme de divertiffement. Je ne croy pas que ni les

uns ni

uns ni les autres y pûſſent avoir aucune peine par ce Syſtême : Et
c'eſt encore en leur faveur que j'ajoûteray icy un modèle de toutes
les Conſonances, diſpoſé en ſorte que chacun poura ſe former deſ-
ſus, & paſſer de là à la pratique, en chantant ſûrement dans tous
les Livres.

   Pour le faire plus hureuſement & pour rendre la choſe facile aux
moindres eſprits, je méttray d'abord les Syllabes mêmes ſur les Bandes, & puis j'y ſubſtitueray les Notes, qui ſont les ſignes des Syllabes comme les Syllabes le ſont des Sons : afin que par ce moyen ceux
qui commencent puiſſent s'élever par degrez, & juſqu'à la perfection
de l'Art, s'ils ont quelque talent pour y réüſſir.

Pratique du Chant selon toutes les Consonances.

NOVS diviserons ces Consonances selon leurs genres & leurs especes. Les especes ne dépendent que de la diverse situation que peut avoir le Demiton, ce qui va d'ordinaire à une de moins que le nombre des cordes ou voix qui composent la Consonance. Ainsi il y a deux sortes de Tierces Mineures, trois sortes de Quartes, & quatre sortes de Quintes. Mais il n'y a que trois sortes de Sixièmes Majeures, & trois de Mineures, parce que le Demiton n'y peut recevoir que trois differentes situations. Et il n'y peut avoir qu'une seule sorte de Tierces Majeures, parce qu'elles ne reçoivent point de Demiton.

Il faut sur tout prendre garde icy à se bien imprimer dans l'imagination le siége ou degré de chacune de nos Syllabes, par rapport à la Cléf qui est au commencement de chaque Bande, comme on a déja vû dans le Systeme ; afin qu'ensuite quand on trouvera des Notes au lieu de Syllabes, on n'ait nulle peine à les reconnoître.

L'on trouvera partout icy les Diphthongues dont j'ay parlé pour accompagner le *b mol*. Ceux qui, comme j'ay dit, ne les aiment pas, peuvent ne les pas faire : mais on peut les assûrer qu'ils se priveront d'un secours avantageux dans les commencemens. Dans la suite ces mesmes Diphthongues se liment tellement à force de les prononcer, qu'on n'y entent presque plus que la voyelle qui est necessaire pour fermer le Demiton : quoy que ce qui en reste dans l'imagination, serve toûjours extremement à nous regler & à nous conduire.

Tierces Mineures
Premiere Espece.

Seconde Espece

Tierces majeures

ni ni
ré ré
sé sé sé sé ré ré sé
Da Da Da
mi mi
té té
Ta Ta Ta

Tè ré ré Tè
b na na na
n

Auertissement

Ceux qui ne sont encor qu'apprentifs dans l'Art de chanter doiuent prendre garde de ne jamais entonner de suitte les Consonnes de differente espece par ce que la diuerse situation du demy ton les brouilleroit et les empescheroit de prendre l'habitude ny des vnes ny des autres.

Quartes

Premiere espece

b na na Ta Ta
reï rié ré ni ni ré
sé sé sé sé sé
Da Da Da Da Da
mi mi
té té
Ta Ta Ta

Seconde espece

lé lé
Tè Tè Ta Ta
b na na ni ni
reï rié ré ré ré
sé sé sé sé sé
Da Da
mi mi
té té té

Troisieme espece

lé lé Ta Ta
Tè Tè ni ni
na na ré ré
reï reï rié sé sé sé
ré ré
sé sé
Da Da
mi mi mi

Quinte

Quintes

Premiere espece

Seconde Espece

Troisieme espece

Quatrieme espece

Sixiemes mineures

Premiere Espece.

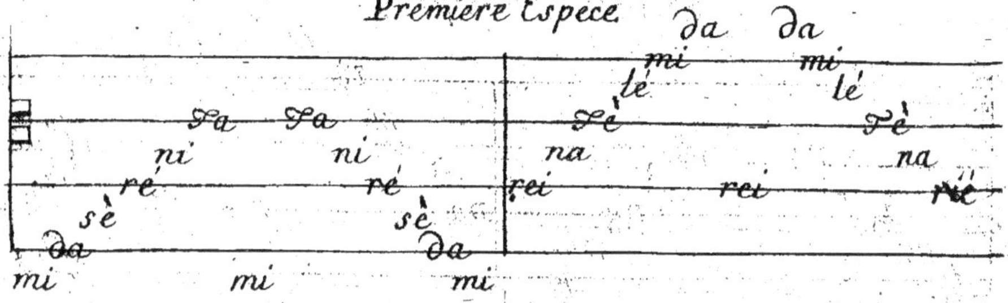

Seconde Espece

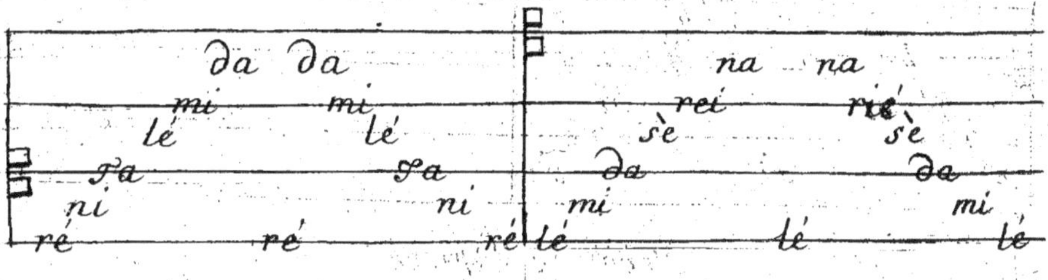

Troisieme Espece.

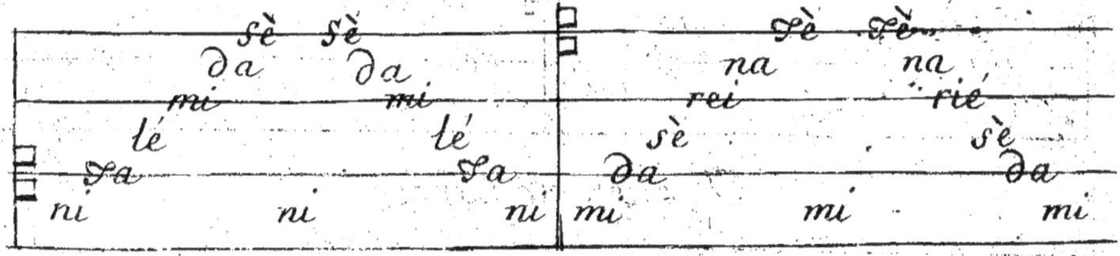

Sisiemes Majeures

Premiere Espece

Seconde Espece

Troisieme Espece

Octaues

La premiere qui est celle de Ta

La meme transposé en b.mol

Seconde Octaue de Lé.

La meme transposée

Troisieme Octaue de Mi.

La meme transposée

Quatriéme Octaue de Da

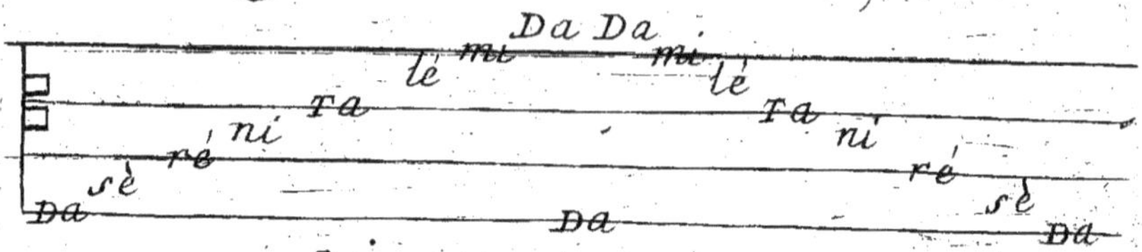

Da Da
mi   mi
lé   lé
ra   ra
ni   ni
ré   ré
sè   sè
Da   Da   Da

La meme transposée

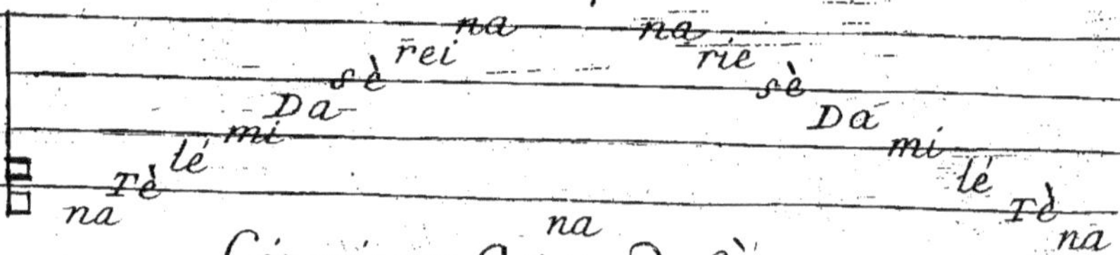

na   na
rei   rie
sè   sè
Da   Da
mi   mi
lé   lé
Tè   Tè
na   na

Cinquieme Octaue de Sè

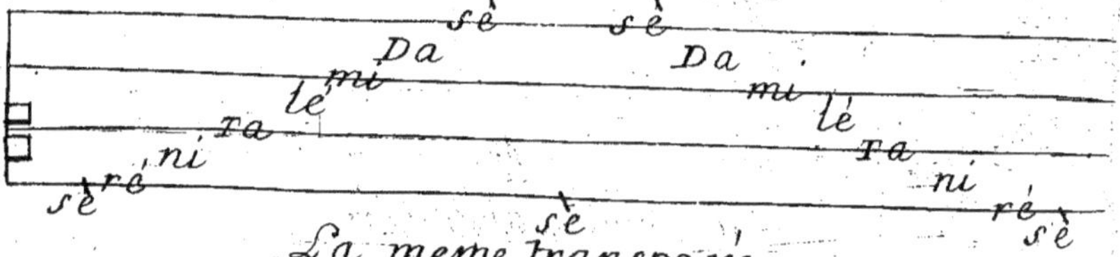

na
sè   sè
Da   Da
mi   mi
lé   lé
ra   ra
ni   ni
ré   ré
sè   sè   sè

La meme transposée

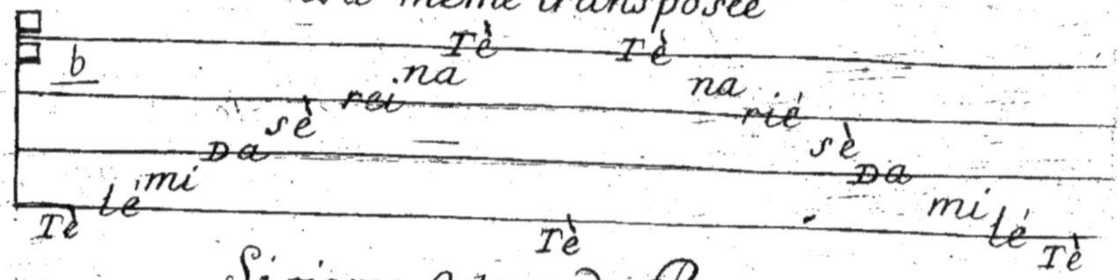

sè
b
Tè   Tè
na   na
rei   rie
sè   sè
Da   Da
mi   mi
lé   lé
Tè   Tè   Tè

Sixieme Octaue de Re

ré   ré
sè   sè
Da   Da
mi   mi
lé   lé
ra   ra
ni   ni
ré   ré   ré

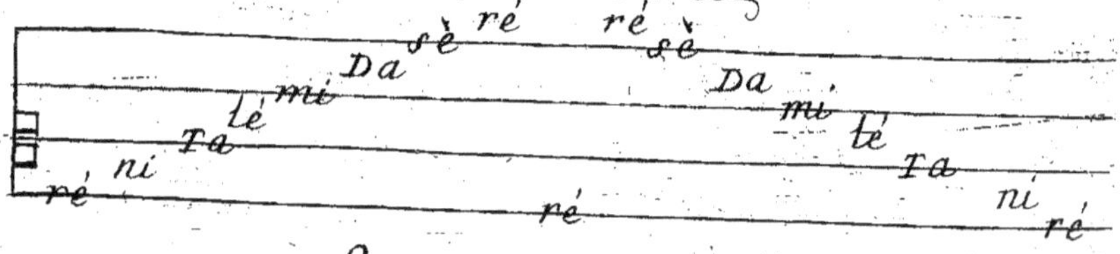

La meme transposée

b
Tè lé lé Tè
na   na
rei   rie
sè   sè
Da   Da
mi   mi
té   té   té

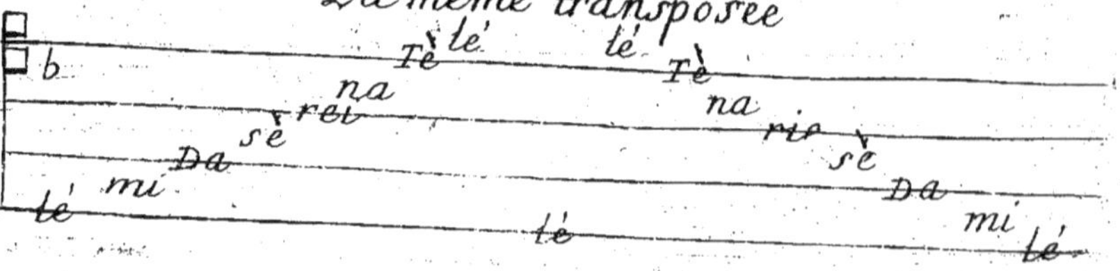

soulager les soins si édifians que vous prenez de procurer une éducation vrayement Ecclesiastique aux Clercs de vôtre Diocese. Je say que des personnes tres-habiles vous ont déja dedié d'autres ouvrages plus considerables : mais je me flatte de l'espérance que vous ne mépriserez pas celuy-cy, quand je considere que le plus grand des Papes aprés saint Pierre, s'est bien voulu donner la peine de chercher l'avantage que ce petit Livre nous presente ; & que ne se contentant pas d'avoir beaucoup travaillé à faciliter L'ART DE CHANTER, il se transportoit souvent à l'Ecole qu'il en avoit établie à Rome, pour y exercer soy-même les jeunes Clercs. En effet rien n'est à negliger quand il y va de l'honneur de Dieu & de la gloire du Tout-Puissant. Tout le monde sait, MONSEIGNEVR, combien nos Rois Charlemagne dans la seconde race, & Robert dans la troisiéme, s'appliquerent à procurer le même avantage à ce grand Royaume. Ce qu'ils ne firent qu'à l'imitation de David & de Salomon, qui occuperent les premieres personnes de l'Etat à regler les Concerts du Temple de Jerusalem, & qui s'y employoient souvent eux-mêmes. Le zele de ces grands Saints & de ces grands personnages pour une chose qu'on regarderoit aujourd'huy avec un peu plus d'indifference, paroistroit peut-estre moins croyable, si nous n'en avions les preuves dans l'Ecriture, & s'il ne nous en restoit encore un témoignage dans l'Eglise, qui appelle du nom de S. GREGOIRE le Chant que nous suivons dans tout l'Office. En effet, on ne sauroit s'imaginer la pei-

ã iij

Mélanges des Consonances.

IE les représenteray de sorte qu'il n'y aura nulle peine, & j'y employeray les Notes ordinaires, afin qu'on s'accoutume à y appliquer nos Syllabes.

Tierces & Secondes.

Quartes & Tierces.

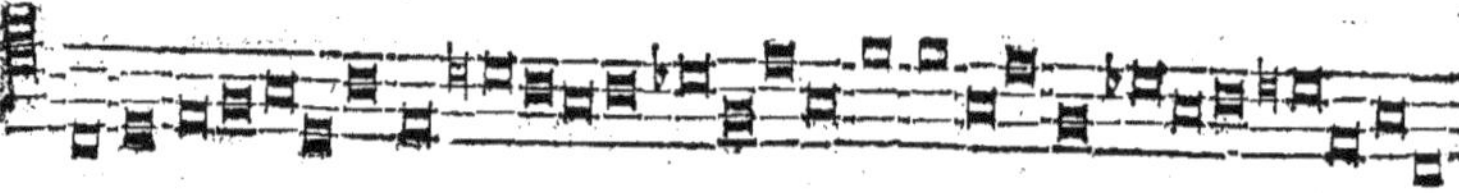

Quintes & Quartes.

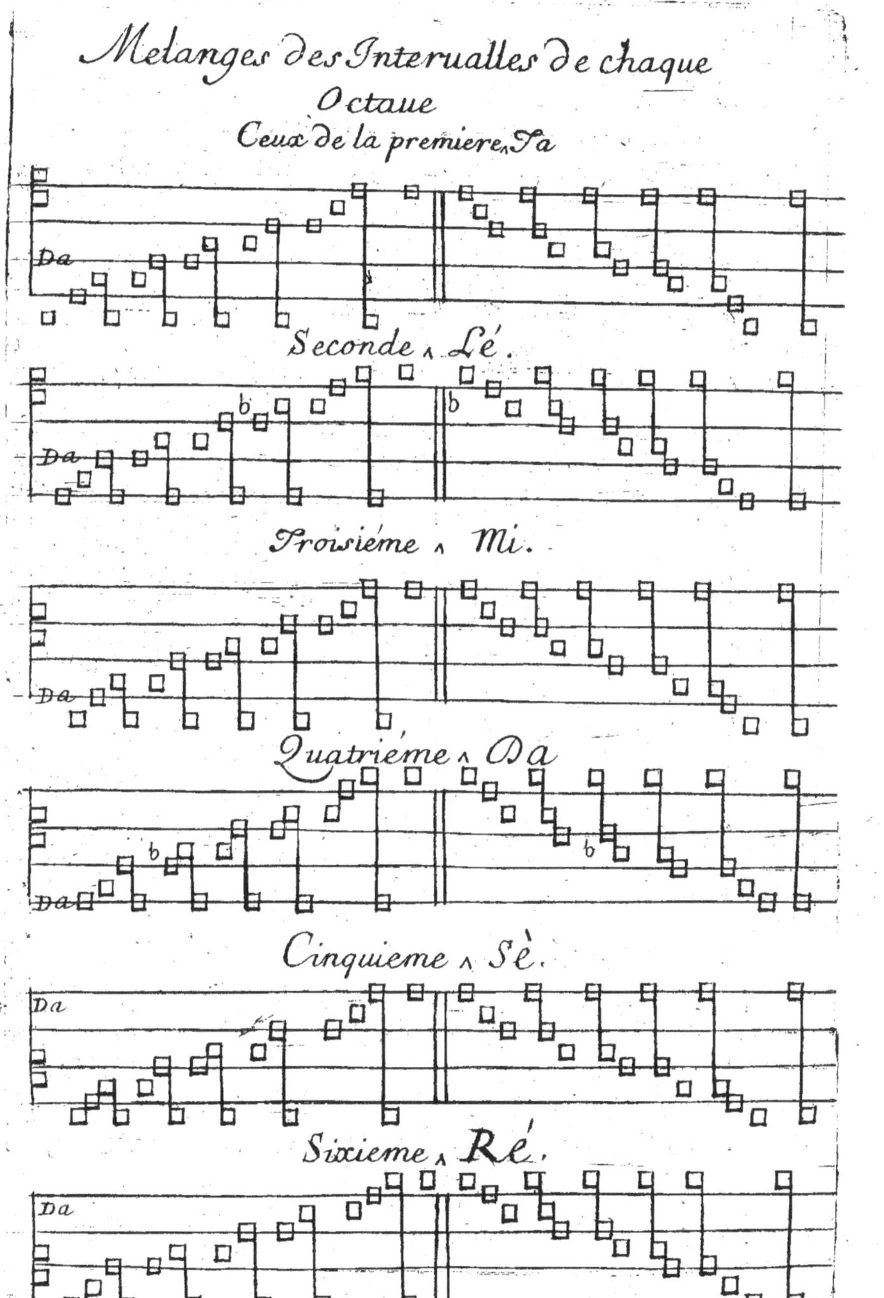

Melanges des Interualles de chaque
Octaue
Ceux de la premiere, Fa
Da
Seconde ^ Lé.
Da
Troisiéme ^ Mi.
Da
Quatriéme ^ Da
Da
Cinquieme ^ Sè.
Da
Sixieme ^ Ré.
Da

AVTRES MELANGES
DES MODES OV TONS AVTHENTIQVES
avec les Plagaux.

CE Mélange comprend les plus beaux Accords & les plus char-mans que l'on puisse imaginer. On y trouve les Tierces, les Quartes, les Quintes, & les Siziémes dans un ordre d'autant plus merveilleux qu'il est plus naturel; & il comprent tous les Modes des Anciens, & tous les Tons de l'Eglise, qui naissent de la division Harmonique ou Arithmetique de l'Octave.

Nous avons déja dit, que la Quarte ou la Quinte mesurent necessairement toute l'Octave. Mais il faut remarquer icy que quand on la divise tellement, que la Quinte soit dessous, & qu'elle serve comme de base à la Quarte; cette Division s'appelle Harmonique, parce qu'on a peut-être cru qu'elle étoit plus harmonieuse: au lieu que quãd la Quarte est dessus la Quinte, la division s'appelle Arithmetique, seulemẽt pour la distinguer de l'autre. Ainsi la Quinte ne change jamais de place, mais la Quarte est tantôt dessus & tantôt dessous, & elles se communiquent leurs Cadences quoique dans une élévation différente. Qıand la Quarte est dessus, le Ton s'appelle Authentique ou principal: & quand elle est dessous; il s'appelle Plagal, c'est à dire collateral, ou qui est de la suite & de la dépendance de l'autre. Les Tons Authentique sont les impairs, & les Plagaux sont les pairs.

Les Octaves produisent donc leurs Authentiques & leurs Plagaux selon qu'elles sont divisées; & comme il y a sept Octaves, il semble qu'il y devroit avoir quatorze Tons. Mais la Quatriéme ne se peut diviser harmoniquement, ni la sètiéme arithmetiquement; parce qu'elles tomberoient dans le Triton, & ne pouroient faire que de faux accords; *Da-ni-da*, & *Ni-da-ni*, étant visiblement fausse Quarte & fausse Quinte. D'où il résulte qu'il ny a que douze Modes legitimes; six Authentiques & six Plagaux. Les uns & les autres divisent encore leur Quinte en deux Tierces, l'une Majeure, & l'autre Mineure. Et de ces divisions de l'Octave & de la Quinte (car la Quarte ne se divise point) naissent quatre Degrez, qui sont les Cadences regulieres & parfaites, & les Cordes principales & plus naturelles de chaque Mode, sans la connoissance desquelles on ne peut ni composer rien de juste ni juger de ce qui auroit esté composé par d'autres.

Mais nous pouvons encore imaginer une autre division dans ces Modes, en considerant ceux qui ont leur Tierce Majeure sous la Mineure, & les autres au contraire. C'est ainsi que je vas vous les réprésenter pour en faciliter l'intonation : & comme les Degrez de ces mélanges sont un peu éloignez, je me serviray encore de nos Syllabes pour en exprimer les Sons, afin qu'on n'y ait nulle peine ; & je marqueray à la marge le nom des Modes & l'ordre de leurs Octaves, afin que personne ne s'y puisse tromper.

Premiere Espece de ces Modes
ou la Tierce Maieure est sous la Mineure et ou la sixieme est Maieure.

Seconde Espece
Ou la Tierce Mineure est sous la Majeure.
Et ou la sixieme est Mineure.
Dorien.
4. Octa. D.
Hypadorien
1. Oct. A
Ta
lé lé
ré ré   ré ré   ré ré   ré ré
da da   da da   da da   da da
té té   té té   té té   té lé
ré ré   ré ré   ré ré   ré ré
Phrygien
2. Oct. B
Hypophryg
6. Oct. F
DA
mi mi
ni ni   ni ni   ni ni   ni ni
sé sé   sé sé   sé sé   sé sé
mi mi   mi mi   mi mi   mi mi
ni ni   ni ni   ni ni   ni ni
Eolien
1. Oct. A
Hypoeol.
5. Oct. E
DA
ré ré
mi mi   mi mi   mi mi   mi mi
ta ta   ta ta   ta ta   ta ta
ré ré   ré ré   ré ré   ré ré
mi mi   mi mi   mi mi   mi mi

X I V.

AVTRE DIVISION DE L'OCTAVE EN TONS
& Demitons majeurs & mineurs.

QVoy que ce que je viens de dire de la division de d'Octave en ses 12 Demitons égaux , suffise pour ceux qui n'admettent point ces differences de Majeur & de Mineur: neantmoins parce qu'il y a aussi d'autres personnes habiles qui les admettent, je diray encore icy un mot pour les contenter.

La difference de ces deux opinions consiste en peu de chose , mais les suites en sont grandes. Pour bien entendre cecy; il faut supposer que le Ton ne se peut diviser en deux parties justement égales. Les plus habiles Musiciens anciens & nouveaux en demeurent d'accord, & il ne seroit pas difficile de le démontrer. Mais les defenseurs de l'égalité disent, qu'encore que cette division ne se puisse faire mathematiquement, & suivant les proportions du Monochorde; neantmoins rien n'empêche qu'elle ne se fasse mechaniquement , puis qu'il est toûjours en notre pouvoir, à ce qu'ils supposent, de diviser une Corde ou un Espace justement en deux.

Ceux de l'autre party repliquent, que quand on le feroit , la voix ne pourroit pas l'entonner juste, & qu'une oreille un peu fine en reconnoîtroit toûjours le defaut , parce que ces differences sont dans la nature de la chose, & ne dépendent pas simplement de l'institution des hommes.

Voicy donc dequoy il est question. Si vous divisez l'espace d'un Ton en neuf parties égales, & que vous en méttiez quatre d'un costé & cinq de l'autre, vous aurez le Demiton Mineur d'une-part, & le Majeur de l'autre : & la difference sera d'un neuvieme, ce qu'on appelle *Comma*, c'est à dire fragment. Or il est certain que ce neuvieme de Ton est sensible à l'oreille, & fait même une différence agreable. Mais comme en divisant le Ton en deux parties égales, ce Comma se trouve aussi divisé en deux; ce n'est plus qu'un dix-huitieme de chaque côté, qui est ce que l'on appelle *Schifme* ou *Sciffure*, c'est à dire *division* : Or ce dix-huitieme n'est plus sensible : & ainsi cette différence se pert dans la division égale. Savoir, à cette heure, si l'on pert aussi quelque chose de l'agrément, ou s'il est vray qu'on ne puisse pas empêcher la voix de retomber dans cette difference naturelle, c'est ce qui se poura examiner plus particulierement ailleurs.

Il est indubitable que la division dont j'ay parlé cy-dessus, est plus

simple & plus facile : mais nous sômes en un siecle ou on veut les choses dans la derniere justesse. De là vient cette division des feintes du
Clavier coupées en deux afin que l'une serve pour le *b mol* c'est à dire
là, pour le Demiton Majeur ; & l'autre pour la Diese, c'est à dire le
Mineur. De là viennent encore ces excellêtes figures divisées avec tant
de soin dans les Préliminaires du nouvel Antiphonier de Paris, où ce
Comma & ces Demitons Majeurs & Mineurs sont exactement marquez.

Afin donc de rendre nostre Systeme utile aux uns & aux autres;
mon dessein étant plûtot icy de faciliter les choses pour l'usage, que
de les traiter speculativement; voicy comme on pouroit réprésenter
cette derniere division par nos Syllabes, en prenant garde que les
Demitons Mineurs sont ceux qui se font en même degré, & les Majeurs ceux qui s'élevent à un autre degré. Ou si vous voulez, pour
faciliter encore les choses à ceux qui chantent par des chiffes, ou autres
figures placées sur la même ligne : les Mineurs sont ceux qui se font
par la répétiton de la Consonne, en changeant seulement de voyelle;
& les Majeurs, ceux qui changent de Syllabes entieres : comme on
peut voir dans cette figure.

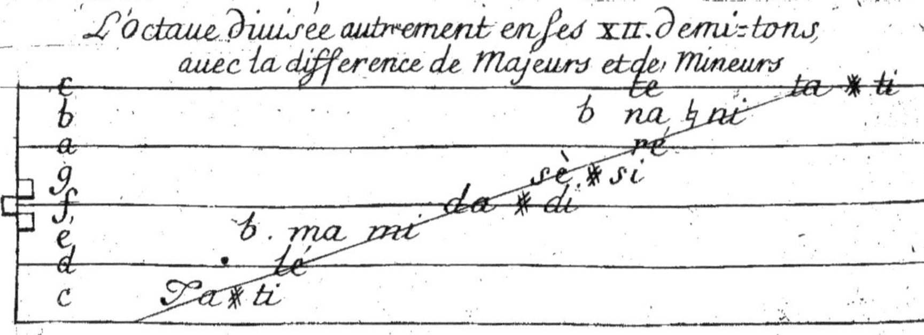

Si donc vous considerez icy cette ligne traversante qui monte de
gauche à droit, elle vous donnera les Syllabes principales de nôtre
Systeme ; ou vous verrez que celles qui debordent à gauche mar-
quent le *b mol*, & celles qui sont à droit les *Dieses*, & que les *b mols*

font toûjours en *a*, & *les Diefes* en *i*, de même que dans l'autre Table. Icy le *b mol*, fe trouve dans nos deux demi-liquides *m n*, en difant *ma* pour *mi*, & *na* pour *ni*; c'eft à dire, fous les lettres de la marge *b, e*: extraordinairement fous l'*e*, & plus ordinairement fous le *b*, d'où luy eft auffi demeuré le nom de *B mol*. Les Diefes au contraire fe trouvent dans nos Muettes *T, D*, difant *ti* pour *ta*, & *di* pour *da*: & auffi dans la fifflante *S*, *fi* pour *fe*. Ainfi les deux liquides *l* & *r*, ne reçoivent pas d'ordinaire ces changemens, quoy que quelquefois on donne la Diefe au *le*, en difant *li*; & le *B mol* au *re*, en difant *ra*.

Par-là nous voyons encore, que puifque les Demitons Mineurs font ceux qui fe trouvent en même degré, & les Majeurs ceux qui paffent d'un degré à l'autre; il y en a 7 Majeurs & 5 Mineurs dans l'Octave divifée de cette forte; quoy que quand on parle du Demiton en general, on entende toûjours le Majeur, l'autre n'étant que fon diminutif, qui fe fait par un écoulement de la voix, le plus doux que l'on puiffe prefque feindre. Et c'eft auffi ce que fignifie proprement le mot de *Diefe*, qui veut dire *filtrage*.

La vraie maniere que l'on doit donc fuivre pour bien entonner tout ce Syfteme, c'eft premierement, d'être bien jufte dans les Syllabes principales qui font fur la ligne traverfante: & enfuite, de feindre fa voix dans ces Demitons, en forte que l'on fe trouve toûjours jufte dans la Syllabe principale. Les *b mols* ne fauroient faire de peine, fur tout fi on fe fert de l'adreffe de nos Diphthongues dans le commencement, en difant *lei, ma; rei, na*: parce qu'alors c'eft la même chofe que *mi, da*; ou *mi, fa*. Pour les Diefes; fi c'eft en montant, on n'a qu'à feindre encore plus la voix, parce qu'alors ce n'eft que le Demiton Mineur; & fi c'eft en defcendant, elles s'entonnent comme *fa mi*, parce que c'eft le Demiton Majeur.

On peut encore remarquer que d'un Degré diefé à celuy de deffus, comme de *ti* à *le*, de *di* à *fe*, de *fi* à *re*, il n'y a qu'un Demiton, parce que la Diefe a déja elevé la Note d'un Demiton: & au contraire que d'un *b mol* au degré fuperieur il y a un Ton plein; au lieu que fans cela il n'y auroit qu'un Demiton, parceque le *b mol* a abaiffé la Note d'un Demiton: & par une fuite neceffaire, que de ce *bmol* au degré inferieur, il n'y a qu'un Demiton; au lieu que fans cela il y auroit un Ton entier. Tout cela fe voit à l'œil dans nos figures, il ne faut qu'en être averty pour le reconnoître.

F I N.

Diefis, vient du verbe διημι paffer ou couler quelque chofe, la filtrer.

TABLE DES TITRES.

PRATIQVE DU CHANT.

FIN DE LA TABLE.

www.ingramcontent.com/pod-product-compliance
Lightning Source LLC
LaVergne TN
LVHW021820170726
843503LV00007B/3287